男子ごはんの本 （その13）

DANSHI GOHAN

# CONTENTS
## 目 次

●当書籍には、『男子ごはん』（テレビ東京系）で紹介された内容
＜#611（2020年3月1日放送）〜#661（2021年2月21日放送）＞を
掲載しています。
●書籍化にあたり、レシピの一部を改訂しています。

●以下の放送は特別編のため、レシピの掲載はありません。
#618（2020年4月19日放送）『男子ごはんの本 その12出版記念』
#623（2020年5月24日放送）『元気モリモリ！　スタミナ料理特集』
#624（2020年5月31日放送）『鶏肉と中華麺を使ったアレンジ麺特集』
#636（2020年8月23日放送）『ビールに合う特選おつまみ』
#655（2021年1月10日放送）『男子ごはんアワード2020』

# ATTENTION
## この本を、もっと活用していただくために。

☑ **メニューの脇に「ジャンル別」「素材別」の
アイコンをつけています。**

メインからサイドメニューまで、この本に載っている全ての
レシピタイトルを「素材・ジャンル別INDEX」（P.130）に
まとめています。今日の献立に迷った時は、INDEXから逆
引きしてみてください。

**ジャンル別**

| 和 | = 和食 | 中 | = 中華料理 |
|---|---|---|---|
| 洋 | = 洋食 | 韓 | = 韓国料理 |
| 伊 | = イタリアン | 亜 | = アジア料理 |
| 仏 | = フランス料理 | | |

**素材別**

| 飯 | = ごはん・お米 | 卵 | = 卵料理 |
|---|---|---|---|
| 麺 | = 麺・パスタ | 汁 | = 汁物・スープ |
| 粉 | = 小麦粉など粉料理 | 肴 | = おつまみ |
| 肉 | = 肉料理 | 鍋 | = 鍋料理 |
| 魚 | = 魚介料理 | 甘 | = おやつ |
| 菜 | = 野菜料理 | | |

☑ **材料に記した分量は、
大さじ1＝15cc（㎖）、
小さじ1＝5cc（㎖）です。**

☑ **SHIMPEI'S POINT**

**TAICHI'S POINT**

**とは？**

料理を簡単&美味しく作るために、欠かせないポイント。
料理ビギナーから中・上級者まで思わず納得の裏技満載
なので、ぜひ参考にしてみてください。

☑ **お酒アイコンとは？** 「おつまみ」メニュー等の脇に、一緒に飲むと相性抜群の
お酒のアイコンを掲載しています。

🍺 ビールに
よく合う！
🍷 白ワインに
よく合う！
🍷 赤ワインに
よく合う！

🥂 シャンパンに
よく合う！
🥃 ハイボールに
よく合う！
🍶 日本酒に
よく合う！

🍶 熱燗に
よく合う！
🍶 ぬる燗に
よく合う！

**韓 肴 韓国風アヒージョ**

材料（3〜4人分）

茹でタコ：150g
むきエビ：150g
蒸しホタテ：150g
マッシュルーム：1パック
（150g）
ごま油：適宜
長ねぎ（みじん切り）：
1/4本分（30g）
香菜（みじん切り）：1枝分

【韓国風アヒージョだれ】
a　水：400cc
　鶏がらスープの素、
　（半練り）：大さじ1/2
　砂糖：小さじ1
　片栗粉：大さじ2
　塩：小さじ1/2
にんにく（みじん切り）：
1片分
しょうが（みじん切り）：
1/2片分
酢：小さじ2
花椒（すりおろし）：小さじ1
韓国産唐辛子（粉末）：適宜

【ごまだれ】
麺つゆ（3倍濃縮）：50cc
水：150cc
白練りごま：大さじ3
白すりごま：大さじ1

作り方

① 茹でタコは小さめの一口大に切る。むきエビは背ワ
タがあれば取り除く。タコ、エビ、蒸しホタテはしっ
かり水気を拭く。マッシュルームは石づきを取って
4等分に切る。

② ごまだれを作る。全ての材料を混ぜ合わせる。

③ 韓国風アヒージョだれを作る。小鍋にaを合わせて
強火にかけ、5分煮る。とろみがつき始めたら、に
んにく、しょうがを加える。とろみがしっかりついた
ら火を止めて酢を加えて混ぜる。器に盛って花椒、
韓国産唐辛子を加える。

④ たこ焼き器にごま油を入れて中火に熱し、①を入れ
て揚げ焼きにする。火が通ったら②、③につけながら
食べる。好みでたれに長ねぎや香菜を加えて食べる。

**SHIMPEI'S POINT**

・2種のたれを作ることで、飽きずに楽しむことができる。
・たこ焼き器は高温に熱しすぎないことで、
　ごま油の飛び跳ねを抑えることができる。

**韓 卵 プチケランチム**

材料（3〜4人分）

a　卵：4個
　薄力粉：大さじ1
　塩：小さじ1/2
　黒こしょう：適宜

韓国風アヒージョで使った
ごま油：適宜
長ねぎ（みじん切り）：1/4本分
（30g）
韓国海苔：適宜

★ケランチムとは？
韓国の蒸し卵料理。韓国語で"ケラン"は卵、"チム"は蒸すを意味する。

作り方

① ボウルにaを合わせてよく混ぜる。

② たこ焼き器に残ったごま油を熱し、長ねぎを散らし
て①を注ぎ、蓋をして強火で約5分加熱する。火が
通ったらちぎった韓国海苔を散らす。韓国風アヒー
ジョの2種のたれにつけながら食べる。

**SHIMPEI'S POINT**

韓国風アヒージョで使ったごま油をそのまま
使うことで、魚介類の旨味をたっぷり味わえる。

025

酒漬け 🍺ビールに
よく合う！
作り方
① きゅうりはヘタ

# SPRING

男子ごはんの春。

# 春の和定食

サワラのフキノトウみそ／みょうがの甘酢漬け／たけのこごはん
穂じそのしょうゆ漬け／ハマグリのお吸い物／ホタテとおかひじきのぬた

TAICHI'S COMMENT
たけのこごはんは、たけのこ穂じその
香りが広がります。
フキノトウみそはほろ苦さも感じる、
大人の味かな。
ハマグリのお吸い物は
だしの旨味が体に染みわたります。

photo by TAICHI

## 和 魚 ホタテとおかひじきのぬた

### 材料（2人分）

| | |
|---|---|
| ホタテ貝柱（生食用）：100g a | 白みそ：大さじ2½ |
| おかひじき：1パック（80g） | すし酢：大さじ1½ |
| 塩、酒：各少々 | 砂糖：小さじ1 |
| | 薄口しょうゆ：小さじ½ |

### 作り方

① おかひじきは塩、酒を加えた熱湯でサッと茹でる。水にさらして粗熱を取ってから、水気を絞って食べやすい大きさに切る。

② ①の鍋でホタテ貝柱をサッと茹で、表面がうっすら白く変わったら素早く氷水にさらしてしめる。キッチンペーパーで水気を拭き取る。

③ aを混ぜ合わせる。

④ 器に①、②を盛って③をかける。

SHIMPEI'S POINT

**ホタテはサッと茹でて冷やすことで
半生の食感を楽しむことができる。**

## 和飯 たけのこごはん

材料（2～3人分）

米：2合

a かつおだし：310cc
酒、薄口しょうゆ、
みりん：各大さじ1
塩：小さじ½

たけのこ（水煮）：150ｇ
バター：10ｇ
みりん、薄口しょうゆ：
各大さじ1

作り方

① 米は洗って炊飯器に入れ、aを加えて混ぜ合わせ、普通に炊く。

② たけのこは4cm長さに切ってから縦薄切りにする。フライパンを熱してバターを溶かし、たけのこを強めの中火で炒める。油が回ったらみりん、薄口しょうゆを加えて炒め合わせる。水分が無くなったら取り出す。

③ ごはんが炊き上がったら②を加えて、切るようにサックリと混ぜる。

SHIMPEI'S POINT

**たけのこは薄く切ることで炒めた時に味が染み込みやすくなる。**

## 和魚 サワラのフキノトウみそ

材料（2人分）

サワラ：2切れ（260ｇ）
塩：小さじ½

【フキノトウみそ】
フキノトウ：小12個（130ｇ）
サラダ油：小さじ1

a みそ：大さじ4½
砂糖：大さじ3
みりん：大さじ1½
酒：大さじ1

作り方

① サワラは塩を振って15分程置き、出てきた水分をキッチンペーパーで拭き取る。グリルで6～8分程こんがりと焼く。

② フキノトウみそを作る。フキノトウは根元を切り落とし、みじん切りにする。フライパンを熱してサラダ油をひき、フキノトウを中火で炒める。しんなりしたらaを加えて炒め合わせる。

③ 器に①を盛って②をかける。

SHIMPEI'S POINT

**フキノトウはみそとしっかりからめながら炒めることで、えぐみが抑えられて、冷蔵庫で10日程保存できる。**

## 和菜 穂じそのしょうゆ漬け

材料（作りやすい分量）

穂じそ：1パック（80ｇ）

a しょうゆ：大さじ2
みりん、酢：各大さじ½
砂糖：小さじ1

作り方

❶ 穂じそは枝から外す。ボウルにaを混ぜ合わせて穂じそを加え、ラップをかけて、30分以上漬ける。たけのこごはんにのせる。

## 和菜 みょうがの甘酢漬け

材料（2人分）

みょうが：3本
しょうが（薄切り）：2枚

すし酢：大さじ2

作り方

❶ みょうがは縦半分に切る。密閉袋にみょうが、しょうが、すし酢を加え、空気を抜いて1日漬ける。サワラのフキノトウみそに添える。

## 和汁 ハマグリのお吸い物

材料（2人分）

ハマグリ（砂抜き済み）：
4～6個
かつおだし：700cc
酒、みりん：各大さじ½

薄口しょうゆ：小さじ1
塩：小さじ⅔
姫三つ葉（刻んだもの）：
適宜

作り方

① 鍋にかつおだしを入れて火にかけ、酒、みりん、薄口しょうゆ、塩を加える。フツフツしてきたらハマグリを加えて煮る。

② ハマグリの口が開いたら器に盛って姫三つ葉を散らす。

# ブロッコリーとタラとひよこ豆のバジルクリームパスタ
# サルティンボッカ

**クリームパスタは
タラがめちゃくちゃオシャレに！
ひよこ豆のもったり感もいいですね。
サルティンボッカは、野菜の食感を
残すのがすごく大事です。**

photo by TAICHI

**ブロッコリーとタラと
ひよこ豆のバジルクリームパスタ**

材料(2人分)

| | |
|---|---|
| スパゲッティーニ:200g | オリーブ油:大さじ1½ |
| ブロッコリー: | 白ワイン:大さじ2 |
| ½個(100g) | 生クリーム:200cc |
| 塩ダラ:1切れ(120g) | 牛乳:150cc |
| ひよこ豆(水煮):100g | コンソメ(顆粒):小さじ½ |
| バジル:1パック(15g) | 塩、黒こしょう:各適宜 |
| にんにく:1片 | a [ 片栗粉、水:各小さじ½ |

作り方

① ブロッコリーは1cm角に切る。塩ダラは骨があれば取り除く。ひよこ豆は水気をきる。バジル、にんにくはみじん切りにする。

② フライパンを熱してオリーブ油をひき、タラを皮を下にして入れて強めの中火で焼く。焼き目がついたら返し、火が通ってきたらほぐしながら炒める。

③ にんにく、ブロッコリーを加えて炒め、ブロッコリーに火が通ったらひよこ豆、白ワインを加えて少し潰しながら混ぜる。生クリーム、牛乳を加えて中火で5分煮詰める。

④ ⅔量になったらコンソメ、塩小さじ1を加えて混ぜ、味をみて薄ければ塩1つまみでととのえる。火を止め、バジルを加えて混ぜる。よく混ぜ合わせたaを加えてとろみをつける。

⑤ スパゲッティーニは塩を加えた熱湯で袋の表示時間より1分短く茹でる。茹で上がったら④に加えて強火でからめる。器に盛って黒こしょうを振る。

**SHIMPEI'S POINT**

クリーミーな食感のパスタに仕上げるために、
ソースに水溶き片栗粉でとろみをつける。

---

**サルティンボッカ**

材料(2人分)

| | |
|---|---|
| 牛肩ロース薄切り肉: | 青じそ:8枚 |
| 4枚(200g) | 片栗粉:適宜 |
| オリーブ(緑色、種なし): | オリーブ油:適宜 |
| 2個 | バター:5g |
| 新玉ねぎ:80g | 白ワイン:大さじ½ |
| にんにく:½片 | クレソン:適宜 |
| ミニトマト:適宜 | |
| 生ハム:大2枚 | |

作り方

① オリーブは薄切りにする。新玉ねぎ、にんにくは縦薄切りにする。ミニトマトはヘタを取って縦半分に切る。生ハムは半分に切る。

② 牛肩ロース薄切り肉1枚を横に広げ、生ハム1枚をのせる。中心に青じそ2枚、新玉ねぎ適宜を順に重ねてのせ、オリーブ適宜、上下ににんにく適宜をのせる。牛肉の幅の狭い方からクルクル巻き、巻き終わりを押さえて閉じる。全体に片栗粉をまぶす。残りも同様に作る。

③ フライパンを熱してオリーブ油大さじ1をひき、②を巻き終わりを下にして並べ、蓋をして強めの中火で焼く。たまに肉を転がしながら全体を焼く。肉に少し焼き目がついたらバター、白ワインを加えて軽くなじませて火を止める。

④ ③を半分に切って器に盛る。クレソンとミニトマトを添え、オリーブ油少々を回しかける。

**SHIMPEI'S POINT**

*¹ 具材の焼き加減をレアに仕上げるために、
にんにくはかなり薄めに切る。

*² 肉に片栗粉をまぶして焼くことで、
バターと白ワインがよくからみ美味しく仕上がる。

# イワシの酢漬け／チキンクロケット
# 豚ひきバーグとチーズのピンチョス

photo by TAICHI

## 洋肴 イワシの酢漬け

材料（2〜3人分）

イワシ
（刺身用、3枚におろした
もの）：4尾分
塩：小さじ½
a ┃ すし酢：大さじ4
　 ┃ 砂糖：小さじ2

新玉ねぎ、ミニトマト、
オリーブ（緑色、種なし）、
オリーブ油：各適宜
イタリアンパセリ：適宜

作り方

① イワシは塩を振って10〜15分置く。出てきた水分を拭き、バットに並べ入れる。

② よく混ぜたaを①に加えてラップをかけ、冷蔵庫に入れて20分漬ける。イワシが少し白くなったら、取り出して縦3等分に切る。

③ 新玉ねぎは縦薄切りにする。ミニトマトはヘタを取り、縦4等分に切る。オリーブは半月切りにする。

④ 器に②、③を盛り、オリーブ油を回しかけ、みじん切りにしたイタリアンパセリを散らす。

SHIMPEI'S POINT

*1 すし酢だけだと淡い味になるので、砂糖を加えてコクを足す。

*2 漬けすぎるとレア感が無くなるので、冷蔵庫で20分がベストな漬け時間。

## 洋肴 チキンクロケット

### 材料（2～3人分）

ささみ：300 g
じゃがいも：大1個（300 g）

a
| 水：300cc
| 白ワイン：大さじ1
| にんにく：1片
| ローリエ：1枚

生クリーム：大さじ3

塩：小さじ⅔
黒こしょう：適宜

b
| 卵：1個
| 薄力粉：大さじ1

パン粉（細かめ）、揚げ油：
各適宜
イタリアンパセリ
（みじん切り）：適宜

SHIMPEI'S POINT

**ささみとじゃがいもを一緒に煮ることで、
肉から出た旨味がじゃがいもに染み込む。**

### 作り方

① ささみは筋を取る。じゃがいもは皮をむいて3 cm角に切る。

② 鍋にa、ささみを入れて中火にかける。沸いてきたら蓋をして10分煮る。

③ 蓋を取ってじゃがいもを加え、たまに混ぜながらさらに10分煮る。ローリエを取り出す。水分が無くなったら火を止めて、ささみとじゃがいもをマッシャー等で潰す。

④ 生クリーム、塩、黒こしょうを加えてよく混ぜ合わせる。バットに移して常温または冷蔵庫で冷やす。一口大の俵形にまとめる。

⑤ 別のバットにbを混ぜて④をからめ、パン粉を押さえながらしっかりとつける。

⑥ フライパンに揚げ油を180℃に熱し、⑤を入れて中火で揚げる。きつね色になったら取り出す。

⑦ 器に盛ってイタリアンパセリを散らす。

---

## 洋肴 豚ひきバーグとチーズのピンチョス

### 材料（2人分）

a
| 豚ひき肉：200 g
| ディル：2本
| 薄力粉：小さじ1
| 塩：小さじ⅓
| 黒こしょう：適宜

フルーツトマト：1個
バゲット（厚さ1.5cm、斜め切りのもの）：2枚
スライスチーズ
（溶けるタイプ）：2枚
ディル：適宜

SHIMPEI'S POINT

**チーズが溶けてハンバーグにまとわりつき、
カリカリの食感を楽しめる。**

### 作り方

① フルーツトマトは横半分に切り、バゲットはトーストする。

② aのディルは茎ごとみじん切りにする。ボウルにaを入れ、手でよく混ぜ合わせて4等分にする。

③ ②の肉ダネをバゲットの断面の大きさに合わせて楕円形にととのえ、フライパンに並べて中火にかける。焼き目がついたら返す。肉ダネ2個の上に、スライスチーズを1枚ずつ折ってのせて、蓋をして焼く。チーズが溶けて少し焼き目がついたら、チーズがのっていない肉ダネを上に重ねる。

④ 器にバゲット、③、トマトを重ねて盛り、上からピンチョス用の串を刺してちぎったディルをのせる。

photo by TAICHI

# 614

2020.03.22 OA

## タイ料理2品

トムヤムクン／心平流ガイヤーン

### TAICHI'S COMMENT

トムヤムクンは具材からだしが
出ていてやみつきになる！
ガイヤーンはスイートチリと合いますね。
おうちで簡単にできる2品、
ぜひ作ってもらいたいです。

## 亜汁 トムヤムクン

材料（2〜3人分）

| | |
|---|---|
| エビ（殻つき）：8尾（120ｇ） | a ┌ 鶏がらスープの素<br>（半練り）：大さじ1 |
| ヤングコーン：4本 | にんにく：½片 |
| エリンギ：1本 | しょうが：1片 |
| 青唐辛子：5本 | 香菜の根：2枝 |
| アキアミの塩辛：大さじ1 | レモングラス |
| 水：700cc | （3cm長さ、乾燥）： |
| 赤唐辛子：2本 | 20本 |
| ナンプラー：小さじ2 | └ ライム汁：大さじ1 |
| | 香菜（粗く刻んだもの）：10ｇ |

作り方

① エビは尾を残して殻をむき、背開きにして背ワタを取り除く。

② ヤングコーンは斜め半分に切る。エリンギは厚さ5mmの斜め切りにする。青唐辛子は斜め3等分に切る。

③ 熱したフライパンにアキアミの塩辛を入れて、香ばしい香りがするまで乾炒りする。

④ 鍋に水を入れて沸かし、a、青唐辛子、赤唐辛子を種ごとちぎって入れて強火で一煮する。香りが出てきたらヤングコーン、③を加えて一煮する。エリンギ、ナンプラー、ライム汁、①を加えて一煮する。

⑤ 器に盛って香菜を散らす。

### SHIMPEI'S POINT

**エビはプリプリの食感を残すため、最後に加える。**

## 亜肉 心平流ガイヤーン

材料（2〜3人分）

| | |
|---|---|
| 鶏もも肉：1枚（250〜280ｇ） | b ┌ ニラ（みじん切り）：<br>⅛束分（15ｇ） |
| 香菜：1束（40ｇ） | スイートチリソース： |
| 青唐辛子：2本 | 大さじ3 |
| 緑豆春雨：10ｇ | └ ナンプラー：小さじ1 |
| にんにく（みじん切り）：1片分 | |
| a ┌ はちみつ：大さじ½　　塩：小さじ⅓ | |
| └ しょうゆ：大さじ1　　黒こしょう、オリーブ油： | |
| ライム（くし形切り）：適宜　　各適宜 | |

作り方

① 鶏もも肉は、火の通りを良くするために内側に細かく切れ目を入れる。塩、黒こしょうで下味をつける。

② 香菜は2cmのざく切り、青唐辛子は小口切りにしてボウルに入れる。

③ 鍋の深さ3cmくらいまでオリーブ油を入れて熱し、半分に切った緑豆春雨を中火で揚げる。全体がぶわっと膨らんだら、取り出して油をきって冷まし、手で砕きながら②に加えてザッと混ぜて器に盛る。

④ フライパンにオリーブ油大さじ1を熱し、①を皮を下にして入れて蓋をして中強火で両面焼く。肉にほぼ火が通ったら再び皮を下にしてカリッと焼き上げる。フライパンを少し傾けて油がたまったところに、にんにくを加える。

⑤ にんにくの香りが立ってきたらaを混ぜ合わせて加え、焦げないように気をつけながら鶏肉にからませる。食べやすい大きさに切って③の上に盛り、フライパンに残ったソースをかける。ライムを添える。

⑥ bを混ぜ合わせてソースを作り、器に盛る。好みでソースやライムの搾り汁をかけて食べる。

### SHIMPEI'S POINT

*1 **皮目から焼くと鶏肉から脂が出るので、最初は油を多く入れすぎず、油が少なくなったら足すようにする。**

*2 **にんにくは香りを立たせるため、最後に入れる。**

# ナスの揚げびたし／れんこんと青じそのきんぴら
## ナスとささみの和え物／れんこんハンバーグ

作り置きおかず
シリーズ
第1弾

photo by TAICHI

## 和菜 ナスの揚げびたし

### 材料（作りやすい分量）

ナス：10本（650ｇ）
揚げ油：適宜
長ねぎ（みじん切り）：適宜

a
酢：100cc
しょうゆ：150cc
豆板醤：小さじ1½
にんにく、しょうが
（各みじん切り）：
各大さじ1
砂糖：大さじ1

### 作り方

① ナスは3〜4等分の輪切りにする。

② aは大きめのボウルに合わせておく。

③ 揚げ油を180℃に熱し、たまにナスを返しながら両面を揚げる。

④ 皮がしんなりしてきたら、油をきって温かいうちに②に入れる。

⑤ そのまま冷まし、調味液がナスに染み込んだら器に盛って長ねぎを散らす。

SHIMPEI'S POINT

買ってから日がたったナスを使う場合は、
いったん水にさらしてアク抜きをし、
よく水をきってから揚げる。

## 和 菜 れんこんと青じそのきんぴら

材料(作りやすい分量)

れんこん：400ｇ
青じそ：20枚

a｜かつおだし：50cc
しょうゆ：大さじ2½
みりん、酒、砂糖：
各大さじ1
ごま油：大さじ1

SHIMPEI'S POINT

れんこんは水にさらしすぎないことで、
旨味と香りを残したまま美味しく仕上がる。

作り方

① れんこんは皮をむき、2〜3mm幅の輪切りにしてから水に20〜30分さらしてアクを抜き、水気を拭き取る。青じそは千切りにする。aは混ぜ合わせておく。

② フライパンにごま油を熱し、れんこんを入れて中火で炒める。油が回ったらaを加える。混ぜながら炒め、水分が半分程度になったら火を止める。

③ 器に盛り、青じそをのせる。

---

ナスの揚げびたしを使ったアレンジレシピ

## 和 肉 ナスとささみの和え物

材料(2〜3人分)

ナスの揚げびたし：200ｇ
ささみ(茹でて冷ましたもの)：3本

白髪ねぎ、白炒りごま、ごま油：各適宜

作り方

① ささみは筋があれば取り除き、食べやすい大きさにさいてボウルに入れ、ナスの揚げびたしを加えて和える。

② 器に盛って白髪ねぎをのせ、白炒りごまを振り、ごま油をたらす。

---

れんこんと青じそのきんぴらを使ったアレンジレシピ

## 和 肉 れんこんハンバーグ

材料(2人分)

れんこんと青じそのきんぴら：
70ｇ
合いびき肉：200ｇ
薄力粉：大さじ½
塩：小さじ⅓
黒こしょう：適宜

サラダ油：小さじ1
大根おろし、
青じそ(千切り)：各適宜
ポン酢：適宜

作り方

① れんこんは4等分に切ってボウルに入れ、合いびき肉、薄力粉、塩、黒こしょうを加えてよく混ぜ合わせる。半分に分けてキャッチボールをするようにして空気を抜きながらハンバーグ形に成形する。

② フライパンを熱して①を並べ、サラダ油を入れて蓋をして弱火でじっくり両面を蒸し焼きにする。

③ 両面に焼き目がついたら器に盛って大根おろし、青じそをのせ、好みでポン酢をかける。

# 春の定番祭り！　その1　卵料理
卵チャーハン／茹で卵／オムレツ／だし巻き卵

TAICHI'S COMMENT

チャーハンはプロの味！
だし巻き卵は、中をトロッと
させるのが大事ですね。
初心者でもこの味が出せたら、料理を
作るのが楽しくなってくると思います。

photo by TAICHI

## 中飯　卵チャーハン

### 材料（1人分）

卵：2個
長ねぎ：25g
サラダ油：大さじ1½
にんにく（チューブ）：
小さじ⅓

しょうが（チューブ）：
小さじ⅓
温かいごはん：300g
鶏がらスープの素（顆粒）：
小さじ1
塩、黒こしょう：各適宜

### SHIMPEI'S POINT

卵を入れたらすぐにごはんを入れて
底面に押しつけながら焼くことで、ごはんの周りに
卵がつきパラパラに仕上がる。

心平's料理のすすめ　チャーハン用のごはんは米2合に対して水300ccでかために炊く。

### 作り方

① ボウルに卵を溶きほぐし、塩1つまみを加えて混ぜる。長ねぎは粗みじん切りにする。

② フライパンにサラダ油、にんにく、しょうがを入れて中強火で炒める。

③ 香りが立ってきたら卵を流し入れ、ごはんを加える。

④ フライパンの底面にごはんを押しつけて大きく混ぜるを繰り返して、パラパラになるまで炒める。

⑤ パラパラになったら鶏がらスープの素、塩1つまみを加え混ぜ合わせる。スープの素と塩が混ざったら、長ねぎを加え、火を止めて混ぜ合わせる。

⑥ 器に盛って黒こしょうを振る。

## 和 卵 茹で卵

材料（1人分）

卵：2個

作り方

① 鍋に湯を沸かし、冷蔵庫から取り出した卵をそっと入れ、強めの中火で茹でる。半熟の場合は8分、かた茹での場合は13分で取り出してすぐに氷水につける。冷めたら殻をむく。

SHIMPEI'S POINT

**卵は冷蔵庫から出してからすぐ使い、しっかり時間を計って茹でることで、狙い通りのかたさに茹で上がる。**

| 心平's 料理のすすめ | 茹で卵を作る時に使う調理器具には、お湯を張ることができる深さのある小さめの鍋が適している。 |

## 洋 卵 オムレツ

材料（1人分）

a | 卵：3個 | バター：10g
　 | 塩：2つまみ | ケチャップ：適宜

作り方

① ボウルにaを入れ、溶きほぐす。

② 強火で熱したフライパンにバターを入れて溶かし、①を一気に流し入れる。

③ 周りが少しかたまってきたら木べらや菜箸等で大きく混ぜ、全体がゆるくかたまったら卵を奥に巻き込むように寄せる。

④ フライパンを傾けながらフライパンの縁で側面の閉じ目を焼き、手前にひっくり返して器に盛りキッチンペーパーをかぶせて手で形をととのえる。ケチャップをかける。

SHIMPEI'S POINT

**卵をフライパンに入れてからすぐにかき混ぜて半熟状態にすることで、中がトロトロに仕上がる。**

| 心平's 料理のすすめ | 卵にしっかり塩味をつけることで美味しく仕上がる。 |

## 和 卵 だし巻き卵

材料（作りやすい分量）

a | 卵：3個 | みりん：大さじ4
　 | かつおだし（濃いめ）： | 砂糖：小さじ2
　 | 大さじ1 | サラダ油：適宜
　 | 塩：小さじ¼ | 大根おろし、しょうゆ：
　 | | 各適宜

作り方

① 小鍋にみりんを入れて中火にかけ、⅔量くらいになるまで煮詰める。火を止め、砂糖を加えて混ぜ、しっかり冷ます。

② ボウルにa、①を入れ、よく混ぜ合わせる。

③ 卵焼き器をしっかりと熱し、サラダ油をキッチンペーパーで薄くひく。

④ 中火にして②の⅕量くらいを流し入れて薄く広げ、乾いてきたら木べらや菜箸を使ってクルクルと巻きながら奥側にまとめて芯を作る。

⑤ 油が足りなければキッチンペーパーでひき、空いた部分に②の⅕量を流し入れる。卵の芯の下にも行きわたるように広げ、手前に巻き込みながら焼く。これを合計5回くらい繰り返す。

⑥ 器に盛り、大根おろしを添えてしょうゆをかける。

SHIMPEI'S POINT

**卵の芯の下に卵液を流し込みながら焼くことで、切れ目ができずキレイに仕上がる。**

| 心平's 料理のすすめ | 流し込んだ卵は加熱しすぎず、半熟の状態で巻き重ねていく。 |

# 春の定番祭り！ その2 肉料理
ポークチーズソテー／牛ステーキ／チキンソテー

TAICHI'S COMMENT
ポークソテーはにんにくが
効いていて美味しいです。
牛ステーキは、オニオンソースとの
相性が抜群。チキンソテーは肉汁が最高！
3品とも、家で作れたら大満足ですね！

photo by TAICHI

## 洋 肉 ポークチーズソテー

### 材料（1人分）

豚リブロース肉（ソテー用）：
1枚（190g）
塩：小さじ⅓
黒こしょう：適宜
片栗粉：適宜
にんにく：1片

オリーブ油：大さじ1
スライスチーズ：2枚

【付け合わせ】
じゃがいも：1個

**心平's 料理のすすめ**

1 豚肉は加熱すると縮むため、あらかじめ筋を切っておくのがポイント。

2 焼く前に片栗粉をまぶすことで、肉の旨味を閉じ込めることができる。

3 肉にフォークや竹串がスッと刺さったら、火が通っている目安になる。

### 作り方

① 豚リブロース肉は常温に戻し、細かく切り込みを入れて筋切りをする。両面に塩、黒こしょうで下味をつけ、片栗粉をまんべんなくまぶす。じゃがいもは8mm厚さの輪切りにする。にんにくは薄切りにする。

② 熱したフライパンにオリーブ油をひき、豚肉を入れる。空いたところにじゃがいもを並べ入れて蓋をし、強火で焼く。豚肉、じゃがいもは焼き目がついたら裏返す。途中、じゃがいもに火が通ったら、取り出して器に盛る。

③ 豚肉の上ににんにく、半分に折ったスライスチーズをのせ、蓋をして中火で焼く。

④ チーズが溶けて豚肉に竹串がスッと入ったら火を止め、器に盛って黒こしょうを振る。

## 洋 肉　牛ステーキ

材料(1人分)

牛もも肉(ステーキ用)：
1枚(220g)
塩：小さじ¼
黒こしょう：適宜
オリーブ油：小さじ1

【付け合わせ】
クレソン：適宜

【オニオンしょうゆソース】
(作りやすい分量)
にんにく：½片
玉ねぎ：15g
しょうゆ：大さじ1½
みりん：大さじ½
砂糖：小さじ1
すし酢：大さじ1
a　片栗粉、水：各小さじ½

作り方

① 牛もも肉は常温に戻し、両面に塩、黒こしょうを振り、30分置く。

② オニオンしょうゆソースを作る。にんにく、玉ねぎはみじん切りにする。小鍋にしょうゆ、みりん、にんにくを入れて中火にかけ、沸いてきたら砂糖、すし酢を加える。再び沸いてきたらよく混ぜ合わせたaを加えてとろみをつけ、玉ねぎを加えて煮詰める。

③ 熱したフライパンにオリーブ油をひき、牛肉を強火で焼く。焼き目がついたら裏返して、火加減を中火にする。側面を確認しながらミディアムレアに焼き上げる。

④ ③を器に盛り、②をかけてクレソンを添える。

### SHIMPEI'S POINT

**肉を高い温度で焼くことで、肉汁を逃さず
ジューシーに焼くことができる。**

| 心<br>平's | 料<br>理<br>の | す<br>す<br>め | |
|---|---|---|---|
| | | | 1　牛肉は常温に戻してから焼くことで、狙い通りの焼き加減に仕上げられる。 |
| | | | 2　250〜300gの肉に対しての塩加減は、塩のみで食べる場合は、中粒塩は小さじ½、食卓塩は小さじ⅓が目安。 |
| | | | 3　ソースがある場合の肉の塩加減は、うっすら塩分が入っている程度にしておく。 |
| | | | 4　肉の焼き加減は側面の見た目、肉の弾力で判断する。 |

## 洋 肉　チキンソテー

材料(1人分)

鶏もも肉：1枚(280g)
塩：小さじ⅓
黒こしょう：適宜
オリーブ油：小さじ1
にんにく：1片

【ケチャップバターソース】
ケチャップ：大さじ2
バター：3g
水：小さじ1

【付け合わせ】
ほうれん草：100g
バター：10g
塩、黒こしょう：各適宜

作り方

① 鶏もも肉は常温に戻し、身の厚い部分に数本切り込みを入れて筋切りをする。塩、黒こしょうで下味をつける。

② ほうれん草は根を取り除き、長さを半分に切る。フライパンにバターを熱してほうれん草を中火で炒め、しんなりしたら塩、黒こしょうで味をととのえて器の奥側に盛る。

③ フライパンをサッと拭いてオリーブ油を熱し、鶏肉を皮を下にして入れ、にんにくを皮ごと縦半分に切って加え、蓋をして強火で焼く。皮目がきつね色になったら裏返して火加減を中火に弱める。全体に火が通ったら、蓋を外して皮目を再度焼き、器に盛る。

④ ケチャップバターソースを作る。③のフライパンにケチャップ、バター、水を加えてよく混ぜてから中弱火にかけてソースにし、鶏肉にかける。

### SHIMPEI'S POINT

**フライパンが最も高い温度に達していると、
焼き目をしっかりつけることができる。**

| 心<br>平's | 料<br>理<br>の | す<br>す<br>め | |
|---|---|---|---|
| | | | 1　鶏肉の厚さにばらつきがあると火の通りが偏るので、切り込みを入れることで火の通りが均一になる。 |
| | | | 2　蓋をして焼くと皮目が蒸されてカリカリ感が弱くなるため、最後に蓋を外して再び皮目を香ばしく焼く。 |

# 春の定番祭り！　その3　パスタ
たらこスパゲッティ／ペペロンチーノ／ナポリタン

photo by TAICHI

## 和 麺　たらこスパゲッティ

材料（1人分）

スパゲッティーニ：100g　　バター（常温に戻す）：10g
たらこ：50g　　　　　　　塩、オリーブ油、刻み海苔：
　　　　　　　　　　　　　各適宜

心平's 料理のすすめ

1　パスタを茹でる前にソースを作っておくと慌てずに済む。

2　茹でる時にオリーブ油を入れることで、麺がくっつきにくくなる。

3　麺を茹でる際には、味の調整が難しくなるので塩を入れすぎないようにする。

4　バターは常温に戻してから使用すると、溶けやすくなる。

作り方

① スパゲッティーニは塩、オリーブ油各適宜を加えた熱湯で袋の表示時間通りに茹でる。

② ボウルに薄皮を取り除いたたらこ、バターを入れる。水気をきった①を加えて和える。味をみて塩でととのえる。

③ 器に盛って刻み海苔をのせる。

SHIMPEI'S POINT

*1 たらこはたっぷり使用することで味がしっかりと感じられ、美味しく仕上がる。

*2 麺の余熱でバターを溶かし、たらこに火を入れる。

## 伊 麺 ペペロンチーノ

材料（1人分）

フェデリーニ：100g　　　　赤唐辛子（小口切り）：
にんにく：2片　　　　　　　小さじ½分
　　　　　　　　　　　　　　塩、オリーブ油：各適宜

作り方

① フェデリーニは塩、オリーブ油各適宜を加えた熱湯で袋の表示時間より1分短く茹でる。

② にんにくは縦薄切りにする。

③ フライパンにオリーブ油大さじ2、にんにくを入れて弱火で加熱する。にんにくが少し色づいてきたら赤唐辛子を加える。にんにくがきつね色になってきたら、にんにく、赤唐辛子を取り出して火を止める。フライパンに残った油は少し冷ます。

④ ①が茹で上がる1分前に、③のフライパンに塩小さじ⅓、①の茹で汁大さじ2を加えて、よく混ぜて乳化させる（とろみをつける）。茹で上がって、水気をきった①を加えて再び加熱し、汁気が無くなるまでザッと炒め合わせる。味をみて塩でととのえる。

⑤ 器に盛って③のにんにくチップと赤唐辛子を散らす。

### SHIMPEI'S POINT

**冷ましたオリーブ油にパスタの茹で汁を加えてよく混ぜることで、とろみのあるソースを作ることができる。**

| 心平's料理のすすめ | 1 | ペペロンチーノは"にんにく＋辛み＋塩分＋オイル＋茹で汁"のスープを麺に吸わせるのがポイント。 |
| --- | --- | --- |
| | 2 | にんにくチップはきつね色になったら取り出すことで、余熱でカリカリに仕上がる。 |
| | 3 | パスタは袋の表示時間より1分短く茹でる。 |

## 洋 麺 ナポリタン

材料（1人分）

スパゲッティーニ：100g　　a｜ケチャップ：大さじ2½
ベーコン：40g　　　　　　　｜砂糖：小さじ1
玉ねぎ：小¼個（40g）　　　サラダ油：小さじ1
ピーマン：1個　　　　　　　バター：5g
にんにく：½片　　　　　　　塩、オリーブ油、粉チーズ：
　　　　　　　　　　　　　　各適宜

作り方

① ベーコンは1cm幅に切り、玉ねぎは縦薄切りにする。ピーマンはヘタと種を取って薄い輪切りにする。にんにくは横薄切りにする。

② aを混ぜ合わせる。

③ スパゲッティーニは塩、オリーブ油各適宜を加えた熱湯で袋の表示時間より1分長く茹でる。茹で上がったらオリーブ油少々を回しかける。

④ フライパンを熱してサラダ油をひき、ベーコン、にんにくを入れて中火で炒める。ベーコンがやわらかくなってきたら玉ねぎ、ピーマンを加えて炒める。ピーマンに火が通ったら、③、バター、塩小さじ⅓を加えてザッと混ぜる。

⑤ 具材を少し寄せて、鍋肌に②を加えて加熱し、色が濃くなったら全体を炒め合わせる。味をみて塩でととのえる。

⑥ 器に盛って粉チーズを振る。

### SHIMPEI'S POINT

**ソースを作るより先にパスタを茹でると、麺がモチモチしてやわらかくなり美味しく仕上がる。**

**ケチャップの水分を飛ばすことで、濃厚な味になる。**

| 心平's料理のすすめ | 茹で上がった麺にオリーブ油を回しかけることでくっつきを防ぐ。 |
| --- | --- |

# 韓国風アヒージョ
# プチケランチム

そばめし／キッズクレープ

TAICHI'S COMMENT

アヒージョ、ケランチムはつけだれで
味変できる新感覚のレシピ。
そばめしは濃厚なソースが美味しい！
クレープはいろいろなトッピングを
子どもと一緒に楽しめますね。

photo by TAICHI

## 韓 魚 韓国風アヒージョ

**材料（3〜4人分）**

茹でタコ：150g
むきエビ：150g
蒸しホタテ：150g
マッシュルーム：1パック
（150g）
ごま油：適宜
長ねぎ（みじん切り）：
¼本分（30g）
香菜（みじん切り）：1枝分

【ごまだれ】[*1]
麺つゆ（3倍濃縮）：50cc
水：150cc
白練りごま：大さじ3
白すりごま：大さじ1

【韓国風アヒージョだれ】[*1]
a 水：400cc
　鶏がらスープの素
　（半練り）：大さじ½
　砂糖：小さじ1
　片栗粉：小さじ2
　塩：小さじ⅓
にんにく（みじん切り）：
1片分
しょうが（みじん切り）：
½片分
酢：小さじ2
花椒（すりおろし）：小さじ1
韓国産唐辛子（粉末）：適宜

**作り方**

① 茹でタコは小さめの一口大に切る。むきエビは背ワタがあれば取り除く。タコ、エビ、蒸しホタテはしっかり水気を拭く。マッシュルームは石づきを取って4等分に切る。

② ごまだれを作る。全ての材料を混ぜ合わせる。

③ 韓国風アヒージョだれを作る。小鍋にaを合わせて強火にかけ、5分煮る。とろみがつき始めたら、にんにく、しょうがを加える。とろみがしっかりついたら火を止めて酢を加えて混ぜる。器に盛って花椒、韓国産唐辛子を加える。

④ たこ焼き器にごま油を入れて中火に熱し、①を入れて揚げ焼きにする[*2]。火が通ったら②、③につけながら食べる。好みでたれに長ねぎや香菜を加えて食べる。

### SHIMPEI'S POINT

[*1] 2種のたれを作ることで、飽きずに楽しむことができる。

[*2] たこ焼き器は高温に熱しすぎないことで、ごま油の飛び跳ねを抑えることができる。

---

## 韓 卵 プチケランチム

**材料（3〜4人分）**

a 卵：4個
　薄力粉：大さじ1
　塩：小さじ⅕
　黒こしょう：適宜

韓国風アヒージョで使った
ごま油：適宜
長ねぎ（みじん切り）：¼本分
（30g）
韓国海苔：適宜

★ケランチムとは？
韓国の蒸し卵料理。韓国語で"ケラン"は卵、"チム"は蒸すを意味する。

**作り方**

① ボウルにaを合わせてよく混ぜる。

② たこ焼き器に残ったごま油を熱し、長ねぎを散らして①を注ぎ、蓋をして強火で約5分加熱する。火が通ったらちぎった韓国海苔を散らす。韓国風アヒージョの2種のたれにつけながら食べる。

### SHIMPEI'S POINT

韓国風アヒージョで使ったごま油をそのまま使うことで、魚介類の旨味をたっぷりと味わえる。

photo by TAICHI

和 麺 **そばめし**

## 材料(3〜4人分)

焼きそば用麺：2玉
温かいごはん：200g
キャベツ：100g
玉ねぎ：50g
にんにく：1片
豚こま切れ肉：150g
塩：小さじ¼
黒こしょう：適宜
ごま油：大さじ½

a｜ウスターソース：
　大さじ3
　中濃ソース：大さじ2
　オイスターソース：
　大さじ1
　塩：小さじ⅓

SHIMPEI'S POINT

**細かく切った麺とごはんを炒めることで、
食べやすくパラッとした軽い食感に仕上がる。**

## 作り方

① キャベツは1cm角に切り、玉ねぎは粗みじん切りにし、にんにくはみじん切りにする。焼きそば用麺は細かく刻む。豚こま切れ肉は、塩、黒こしょうで下味をつける。aを混ぜ合わせる。

② ホットプレートを熱してごま油をひき、豚肉を入れてほぐしながら炒める。色が変わったら、にんにくを加えて炒め、香りが出てきたらキャベツ、玉ねぎを加えて炒める。

③ 玉ねぎが透き通ってきたら焼きそば用麺、ごはんの順に加えてほぐしながら炒め、全体に油が回ったらaを加えて炒め合わせる。平らにならして少し焼きつける。

photo by TAICHI

## 洋 甘 キッズクレープ

材料（3〜4人分）

【生地】

a ┃ 強力粉：100 g
┃ 牛乳：50cc
┃ 砂糖：小さじ2

水：150cc

【トッピング】

はちみつ、チョコレートシロップ、生クリーム（ホイップ）、チョコスプレー、コーンフレーク、ミニマシュマロ：各適宜

【具材】

りんご：½個
砂糖：適宜
バター：適宜

SHIMPEI'S POINT

**おたまの底で円を描くように広げるとキレイな円形の生地に焼き上げることができる。**

作り方

① ボウルにaを混ぜ合わせる。水を少しずつ加えて混ぜ合わせ、生地に一体感が出てきたらラップをして冷蔵庫で30分休ませる。

② りんごは皮をむいて縦3mm厚さに切る。ホットプレートにりんごを並べて砂糖を振り、バターを切ってのせて加熱する。両面を焼く。

③ 空いているところに、おたまを使って①を直径10cmくらいに丸く流し入れて焼く。焼き目がついたら返して両面を焼く。

④ ③に②、好みのトッピングをのせる。

# ラムチョップのラタトゥイユ蒸し
# カブのホイル焼き

A-sukeさん
レシピ
A-suke'S RECIPE

TAICHI'S COMMENT
ラタトゥイユ蒸しは、
ラムの香りが広がって美味しいです。
カブのホイル焼きは、
バーニャカウダソースとの
相性が抜群！

**GUEST** アウトドアスペシャリスト A-suke

photo by TAICHI

## 洋 肉 ラムチョップのラタトゥイユ蒸し

### 材料（3人分）

| | |
|---|---|
| ラムチョップ：3本 | 新玉ねぎ：1個 |
| 塩、黒こしょう：各適宜 | 春キャベツ：¼個 |
| オリーブ油：小さじ1 | ホールトマト缶：1缶（400g） |
| ローズマリー：1本 | バルサミコ酢：大さじ3 |

### A-suke'S POINT

*1 新玉ねぎと春キャベツを使うことでみずみずしく、火の通りが早いので時短にもなる。

*2 炭火の強弱の場所を把握して、火加減を変えながら調理する。

*3 小さめのダッチオーブンを使うことで、具材の火の通りが早くなる。

### 作り方

① ラムチョップは室温に戻し、塩、黒こしょう各少々を振って下味をつける。熱したダッチオーブンにオリーブ油をひき、ローズマリーと一緒に強火でラムチョップの表面を焼く。

② 両面に焼き目をつけて脂が出てきたら、一度取り出す。

③ 新玉ねぎ、春キャベツは粗めのざく切りにし、②の脂で炒める。塩、黒こしょう各適宜を加え、野菜に軽く火が通ったらホールトマト缶を入れる。全体が炒め合わさったら蓋をして、中火で5分程煮込む。

④ 味をみて薄ければ塩、黒こしょうでととのえる。ラムとローズマリーを戻して、蓋をして5〜10分程蒸らす。

⑤ 小鍋にバルサミコ酢を入れ、混ぜながらとろみがつくまで加熱する。

⑥ 器に④を盛り、⑤を添える。

## 洋 菜 カブのホイル焼き

### 材料（2人分）

| | |
|---|---|
| カブ：4個 | 【バーニャカウダソース】*1 |
| 塩、黒こしょう：各適宜 | アンチョビ：6枚 |
| オリーブ油：適宜 | にんにく：2片 |
| | オリーブ油：大さじ1 |
| | マヨネーズ：大さじ3〜4 *2 |

### A-suke'S POINT

*1 バーニャカウダソースで、シンプルにカブの味を楽しむ。

*2 生クリームの代わりにマヨネーズを使うことで、バーニャカウダソースを手軽に作ることができる。

*3 粗熱を取ってからマヨネーズを加えることで、ソースが分離しない。

### 作り方

① カブは茎を2cm程残して葉と根を切り、アルミホイルに包んで炭火に入れ、適度に回転させながら5〜10分程焼く（オーブンの場合は、200℃で20〜30分程加熱する）。竹串を刺して火の通り具合を確認する。

② バーニャカウダソースを作る。フライパンにアンチョビと粗みじん切りにしたにんにく、オリーブ油を入れて火にかける。アンチョビをつついて脂を出しながら、にんにくが焦げない程度に火を通していく。アンチョビが溶けたら火を止め、粗熱を取ってからマヨネーズを入れて混ぜ合わせる。

③ カブに火が通ったら食べやすい大きさに切り、塩、黒こしょう、オリーブ油をかけたり、②につけて食べる。

# ステーキカレー
## もう我慢しなくていいんだよ！（絶品アヒージョ）

photo by TAICHI

## TAICHI'S COMMENT

**カレーは本格的な味。
トマトがさっぱりしていて美味しい！
アヒージョはチーズと
具材の相性が抜群です。**

## 洋飯 ステーキカレー

### 材料（2〜3人分）

牛肉（ステーキ用、厚め）：
2枚（500g）
a｜塩、クミンパウダー、
　｜コリアンダーパウダー、
　｜ナツメグ：各小さじ1
　｜黒こしょう：適宜
玉ねぎ：½個
ナス：1本
オクラ：4本
ししとう：10本
みょうが：2個
オリーブ油：大さじ2

【カレーソース】
トマト：700g
にんにく、しょうが：各1片
オリーブ油：大さじ2
水：200cc
カレールウ（2種類）：
合わせて3½片（70g）
バジル：1パック（15g）
塩：小さじ½
カレー粉：小さじ1

【ごはん】
米：2合
水：360cc

**SHIMPEI'S POINT**

野菜は焼く前にオリーブ油にしっかりからませることで
ジューシーに仕上がる。

### 作り方

① 牛肉はaを半量ずつまぶしてマリネして一晩置く。

② 飯ごうでごはんを炊く。飯ごうに洗った米、水を入れて蓋をし、沸騰するまでは強火で、沸いてきたら弱火の位置に移動させて10分炊く。ごはんが炊き上がったらしばらく蒸らす。

③ カレーソースを作る。トマトはヘタを落として4等分に切り、鍋に入れて強火にかける。にんにく、しょうがは2等分に切って鍋に加え、オリーブ油を加えて蓋をして強火で炒め、油が回ったら水を加えて10分程煮込む。沸いてきたらトマトを崩し、カレールウを加えて溶き混ぜ、弱めの中火で5分煮る。刻んだバジルを加えて混ぜる。塩、カレー粉を加えて味をととのえる。

④ 玉ねぎは5mm厚さの輪切りにする。ナスは1cm厚さの斜め切りにする。オクラはヘタの先を切り落とす。ししとうは竹串で数カ所穴を開ける。みょうがは縦半分に切る。ボウルに野菜を入れてオリーブ油を加えてまぶす。

⑤ 熱した網に①と④を並べて焼く。焼き上がった牛肉は食べやすい大きさに切る。

⑥ 器にごはんを盛って⑤をのせ、③をかける。

---

## 洋菜 もう我慢しなくていいんだよ！（絶品アヒージョ）

太一
レシピ
★
TAICHI'S RECIPE

### 材料（2〜3人分）

ドライトマト：2枚（8g）
ズッキーニ：⅓本
つみれ：6個
アンチョビ：2枚
にんにく：1片

赤唐辛子：1本
オリーブ油：150cc
塩：少々
タイム：3〜5本
モッツァレラチーズ
（ミニ）：6個

**TAICHI'S POINT**

ドライトマトはお湯で戻して甘みを出しましょう。

### 作り方

① ドライトマトは湯で30分程戻してやわらかくし、4等分に切る。ズッキーニは1cm厚さの輪切りにする。つみれは半分に切る。アンチョビ、にんにくは粗みじん切りにする。赤唐辛子はちぎってヘタと種を取り除く。

② スキレットにオリーブ油、アンチョビ、にんにく、赤唐辛子、塩、タイム、ドライトマトを入れて弱火にかける。香りが出てきてぷくぷくしてきたらズッキーニ、つみれを入れて中火で2〜3分煮る。

③ モッツァレラチーズを加えてサッと煮る。チーズが少し溶けてきたらできあがり。

# レタスチャーハン／ししとう餃子

餃子の皮ピザ／黒酢団子

リモート
男子ごはん

太一 作

心平 作

photo by TAICHI

photo by SHIMPEI

コロナ禍の影響で、番組もリモート収録に。
家にいる時間が増えたことをきっかけに料理を始めた人でも作れる、チャーハン＆餃子に挑戦。
「リモートで料理番組は成立するんですかね!?」(太一)
「今日はトライアルですね！」(心平)

余った餃子の材料を使ったアレンジレシピ

洋 粉　**餃子の皮ピザ**

材料(4個分)

餃子の皮(大判)：4枚／ソーセージ：1本／ピーマン：½個
玉ねぎ：10g／ケチャップ、ピザ用チーズ：各適宜

作り方

❶ フライパンに餃子の皮を並べて、両面をこんがりと焼く。

❷ ソーセージは5mm厚さの輪切りにし、ピーマンは横5mm厚さに切る。玉ねぎは縦薄切りにする。

❸ オーブントースターの天板に①を並べ、ソーセージ、玉ねぎ、ピーマンをのせ、ケチャップをかけ、ピザ用チーズを散らす。4〜5分程こんがりと焼く。

SHIMPEI'S POINT　餃子の皮をフライパンで焼くことで、ハリハリの食感に仕上がる。

## 中 飯 レタスチャーハン

材料（2人分）

温かいごはん：400g
ハム：4枚（40g）
長ねぎ：10cm（30g）
にんにく、しょうが：各1片
レタス：3〜4枚（60g）
卵：2個
豚こま切れ肉：150g

塩：小さじ¼
黒こしょう：適宜
a ┌ しょうゆ：大さじ1½
　│ みりん：大さじ1
　│ 砂糖：大さじ½
　│ オイスターソース：
　└ 小さじ1
ごま油：小さじ1
サラダ油：大さじ2

作り方

① ハム、長ねぎ、にんにく、しょうがはみじん切りにする。レタスは一口大にちぎる。卵は溶く。

② 豚こま切れ肉は1cm幅の細切りにする。塩、黒こしょうで下味をつける。aを混ぜ合わせる。フライパンを熱してごま油をひき、豚肉を入れて強火で炒める。豚肉に焼き目がついたらaを加えて汁気を飛ばすようにして炒める。いったん取り出す。

③ フライパンを熱してサラダ油をひき、にんにく、しょうがを中火で炒める。香りが出てきたら卵を流し入れて、すぐにごはんを加えてフライパンに押しつけるように焼いていく。ごはんのかたまりを切るようにしながらよく炒める。

④ ごはんがパラッとしてきたらハム、②、レタスの順に加えて炒め合わせる。ごはんをレタスの上にのせるように炒めていく。レタスが少ししんなりしたら長ねぎを加えてザッと炒め合わせる。

### SHIMPEI'S POINT

*1 ごはんはチャーハン用にかために炊いておく。

*2 豚肉は合わせ調味料でしっかり味つけをすることでチャーシューの代わりになる。

## 中 肉 ししとう餃子

材料（2〜3人分）

豚ひき肉：250g
玉ねぎ：¼個（50g）
青じそ：5枚
ししとう：6本（40g）
しょうが（みじん切り）：1片分

a ┌ オイスターソース：
　│ 大さじ1
　│ 酒：小さじ2
　│ 片栗粉、ごま油、砂糖：
　│ 各小さじ1
　└ 塩：小さじ½
餃子の皮（大判）：20枚
水：適宜
サラダ油、ごま油：各適宜
酢、しょうゆ、ラー油：各適宜

作り方

① 玉ねぎ、青じそはみじん切りにする。ししとうはヘタを落として1cm幅の小口切りにする。

② ボウルに、豚ひき肉、しょうが、①、aを入れてよく混ぜ合わせる。

③ 餃子の皮の縁にぐるりと水をつけ、真ん中に②をのせて包むように半分に折り、ひだを寄せながらピッチリと閉じる。

④ フライパンに③を6〜7個並べて強火にかける。上からサラダ油小さじ1を流し入れ、水70ccを加えて蓋をして蒸し焼きにする。水分が無くなってきたらごま油適宜を回しかけ、裏にしっかり焼き目をつける。

⑤ 焼き目を上にして皿に取り出す。残りも同様に焼く。酢、しょうゆ、ラー油を添える。

## 中 肉 黒酢団子

材料（2個分）

ししとう餃子のタネ：70g
a ┌ 黒酢：大さじ1／砂糖：小さじ1
　└ オイスターソース、しょうゆ：各小さじ½／片栗粉：小さじ⅕

作り方

① ししとう餃子のタネを半分に分けて丸く平らにまとめる。フライパンを熱して餃子のタネを並べて蓋をして、中火で両面に焼き目をつける。
② 蓋を取ってよく混ぜ合わせたaを加え、①をからませながら火が通るまで焼く。

### SHIMPEI'S POINT
ししとうを中に入れ込むようにしながら成形して、焼いた時に形が崩れるのを防ぐ

男子ごはん
**TALK TIME**
傑作選
vol.1

# 俺たちのパクチー作り ～種まきから収穫まで～

裏トーク恒例の"俺たちの○○作り"シリーズ！
今回は太一の大好物、パクチー作りにチャレンジしました。

## 種まき編

**★パクチーとは？**
春と秋に収穫が見込めるセリ科の一年草。"パクチー"という呼称はタイ語由来で、英語ではコリアンダー、中国語では香菜とも呼ばれる。

心平「ついに育てるところまで
きちゃいましたね…！」

太一「元々嫌いだったけど、今や大好物に
なってきてますからね！」

と、パクチーに対する温度が高めの2人。

## 栽培品種・岡山パクチー（種まき時期 5月～11月上旬）

一般的なパクチーと比較して甘味が2倍以上あるのが特徴。味と香りがマイルドで食べやすい品種です。

①プランターを用意して培養土を入れ、深さ3cm（指の第一関節程）の穴を開ける。

②パクチーの種を2、3粒ずつまき、種に土をかぶせる。

③発芽するまでは毎日水やりをする。「いっぱい収穫できたら、サラダとか作りたいね！」（太一）

## 収穫編

 1週間後 →  1カ月後 → 収穫時

緊急事態宣言の影響で収穫ができない状態が続き、花が咲く程大きく成長したパクチー。
せっかくなので、花を食べてみることに。

太一「甘味があるね！　香りもいいね～！」

心平「レモングラスのような味がする！
これは料理に使えるかも？」

## 実食編

### パクチーサラダ&
### 天ぷら

太一のリクエスト通り、
新鮮なパクチーサラダにて実食。
さらに、花と根も天ぷらにして、
余すところなくいただきます。

太一「パクチーがドレッシングと
うまくマッチしてる！」

心平「香りが上品!!　天ぷらもいいですね」

### サラダドレッシング

材料（2人分）

ナンプラー：小さじ2／オリーブ油：小さじ2／レモン汁：小さじ2
砂糖：小さじ½／にんにく（すりおろし）：少々

※青唐辛子適宜を潰して刻んで加え、辛味を足してもOK。

# SUMMER

男子ごはんの夏。

# しらすと紫玉ねぎの
# アーリオ・オーリオ風冷やし中華
# 和風あんかけ夏野菜冷やし中華

リモート
男子ごはん

太一 作

photo by TAICHI

#626 アレンジ冷やし中華2品

SHIMPEI'S POINT

心平 作

photo by SHIMPEI

アレンジを加えた太一のSHIMPEI'S
POINT ポーズに大爆笑する心平。
「俺、気づいたんだけどリモート向いて
るかもしれない（笑）」（太一）と満足顔。

## 伊 麺 しらすと紫玉ねぎのアーリオ・オーリオ風冷やし中華

材料（2人分）

冷やし中華用麺：2玉
紫玉ねぎ：¼個
香菜：適宜
にんにく：1片
オリーブ油：適宜

しらす：80g
塩：小さじ½
黒こしょう、レモン（くし形切り）：各適宜

作り方

① 紫玉ねぎはみじん切りにして水にさらし、水気をしっかりきる。香菜は食べやすい大きさに切る。にんにくは縦半分に切ってから芽を取り除いて横薄切りにする。フライパンにオリーブ油大さじ2、にんにくを入れてから火にかけ、フツフツしてきたら弱火にして、きつね色になるまで揚げ焼きにしてガーリックチップを作る。

② ボウルにしらす、紫玉ねぎ、オリーブ油大さじ3、塩、黒こしょうを加えて混ぜる。

③ 冷やし中華用麺は袋の表示時間通りに茹で、流水でよく洗い、氷水で麺をしめる。水気をしっかりきる。

④ ②に③を加えて和える。器に盛って黒こしょうを振り、オリーブ油を回しかける。ガーリックチップを砕きながら散らす。香菜、レモンを添える。

**SHIMPEI'S POINT**

ガーリックチップは食べた時に食感が残るよう、カリカリに仕上げる。

## 和 麺 和風あんかけ夏野菜冷やし中華

材料（2人分）

冷やし中華用麺：2玉
オクラ：4本
塩：適宜
a｜白すりごま、すし酢：各大さじ1
｜砂糖：小さじ1
ナス：1本
ごま油：大さじ1

しょうが（みじん切り）：1片分
豚ひき肉：150g
水：200cc
麺つゆ（3倍濃縮）：大さじ3½
b｜片栗粉、水：各大さじ½
玉ねぎ（みじん切り）：適宜

作り方

① オクラはヘタの先を切り落としてガクを削る。塩少々で板ずりをしてサッと茹でる。氷水に入れて冷まし、水気を拭いて1cm幅の輪切りにしてボウルに入れ、aを加えて和える。

② ナスは1cm幅のイチョウ切りにする。フライパンを熱してごま油をひき、しょうがを入れて炒める。香りが出てきたら豚ひき肉を加えてほぐしながら炒める。肉の色が半分くらい変わったらナスを加えて炒める。ナスが油を吸ってきたら水、麺つゆを加えて4分煮る。ナスにしっかり火が入ったら、よく混ぜ合わせたbを加えてとろみがつくまで煮詰める。粗熱を取ってから冷蔵庫に入れて30分程冷やす。

③ 冷やし中華用麺は袋の表示時間通りに茹で、流水でよく洗って水気をしっかりきる。

④ 器に③を盛って②をかけ、①、玉ねぎをのせる。

**SHIMPEI'S POINT**

あんをしっかり冷やすのがポイント。

# かんたん！ さっぱり春巻き／広末さん家のからあげ

佃煮の白和え／佃煮の和風ドリア

涼子さん
レシピ
RYOKO'S RECIPE

**GUEST 広末涼子**

photo by TAICHI

TAICHI'S COMMENT

エビ春巻きはさっぱりしていて軽いです！
納豆春巻きはエリンギの
水分が出てフワフワです。
からあげは下味のレモンを感じますね。

**かんたん！ さっぱり春巻き**

## 材料（10本分）

春巻きの皮：10枚
a ┌ 薄力粉、水：各大さじ2
エビ（殻つき）：5尾
長芋：300g
青じそ：10枚
スライスチーズ：5枚

エリンギ：1本
納豆：2パック
たれ
（納豆に付属しているもの）：
2パック分
揚げ油：適宜
サラダ菜、しょうゆ、
ポン酢、好みの塩
（トリュフ塩、抹茶塩etc.）：
各適宜

## 作り方

① aを混ぜ合わせる。

② エビ春巻きを作る。エビは茹でて殻をむき、縦半分に切って背ワタを取り、キッチンペーパーで水分を拭く。長芋は皮をむき、長さを半分に切ってから1cm角の拍子木切りにする。青じそは縦半分に切る。スライスチーズは半分に切る。

③ 春巻きの皮を角を下にして置き、手前に青じそ2枚、長芋、チーズ、エビの順に重ね、手前の皮を具を巻き込むように折る。両端の皮を内側に折ってから手前から巻いていく。巻き終わりの皮に①をつけてピッチリ閉じる。全部で5個作る。

④ 納豆春巻きを作る。エリンギはみじん切りにする。ボウルに納豆、納豆についているたれを入れ、エリンギを加えてよく混ぜる。

⑤ 春巻きの皮を角を下にして置き、手前に青じそ2枚、④の順に重ね、手前の皮を具を巻き込むように折る。両端の皮を内側に折ってから手前から巻いていく。巻き終わりの皮に①をつけてピッチリ閉じる。全部で5個作る。

⑥ 揚げ油を180℃に熱し、③、⑤を入れてたまに返しながらきつね色に揚げる。

⑦ 器にサラダ菜を敷いて、⑥を盛る。好みで、納豆春巻きはポン酢やしょうゆ、エビ春巻きは塩をつけて食べる。

## RYOKO'S POINT

**エビ春巻きは巻いてから置いておいてOK。**
**納豆春巻きは水分があるので、揚げる直前に巻く。**

## 和 肉 広末さん家のからあげ

涼子さん
レシピ
★
RYOKO'S RECIPE

### 材料（4人分）

鶏もも肉：2枚
麺つゆ（3倍濃縮）：大さじ2
酒：大さじ2
卵黄：2個
レモン汁：½個分

a
　ねぎ油：少々
　豆板醤：大さじ1
　しょうが
　（すりおろし）：1片分

薄力粉、片栗粉、揚げ油：
各適宜
ルッコラ：適宜

### 作り方

① 鶏もも肉は余分な脂身を取り除いてから内側に数本切り込みを入れ、一口大に切る。

② 鶏肉を1枚分ずつ密閉袋に入れ、麺つゆ、酒、卵黄、レモン汁を半量ずつ加える。大人用には、さらにaを加え、それぞれ袋の中でもみ込む。冷蔵庫で一晩漬ける。

③ ボウルに薄力粉と片栗粉を同量ずつ入れて混ぜる。

④ 軽く水気をきった鶏肉に③をしっかりまぶしながら、180℃に熱した揚げ油に入れて揚げる。衣がかたまってきたらたまに返しながら揚げ、全体がきつね色にカリッとしてきたら、油をきって取り出す。

⑤ ④を器に盛り、ルッコラを添える。

**RYOKO'S POINT**

味つけした鶏肉を一晩漬け込むことで
味がよく染み込む＆次の日が楽になる！

佃煮を使ったアレンジレシピ①

## 和 菜 佃煮の白和え

### 材料（3〜4人分）

アサリの佃煮：30g
木綿豆腐：1丁
にんじん：½本（100g）
インゲン：8〜10本（70g）

a
　酒：大さじ2
　しょうゆ：大さじ1½
　みりん、砂糖：
　各大さじ1

ごま油：大さじ½

b
　白練りごま：大さじ2
　みりん、砂糖：
　各大さじ1
　しょうゆ：小さじ⅔

### 作り方

① 木綿豆腐はキッチンペーパーで包んでザルにのせ、上に重し等をして30分程置き、水きりをする。

② にんじんは3cm長さの細切りにする。インゲンはヘタを落として斜め5mm幅に切る。aを混ぜ合わせる。

③ フライパンを熱してごま油をひき、にんじん、インゲンの順に炒める。aを加えて炒め煮にする。汁気が無くなったらバットに取り出し、しっかり冷ましてから、アサリの佃煮を加えてザッと混ぜる。

④ ①をすり鉢に入れてなめらかになるまですり、③を加えて和える。bを加えてよく混ぜる。

和　飯 # 佃煮の和風ドリア

## 材料（2人分）

**【佃煮のバターライス】**

温かいごはん：茶碗1杯分
（約200g）
アサリの佃煮：20g
バター：5g
黒こしょう：適宜

**【鶏のみそそぼろ】**

鶏ももひき肉：150g
しょうが：1片
a ┌ 水：大さじ1½
　│ みそ、みりん、酒：
　│ 各大さじ1
　│ しょうゆ、砂糖：
　└ 各大さじ½
サラダ油：小さじ1

**【ベシャメルソース】**

バター：10g
玉ねぎ：小½個（80g）
薄力粉：大さじ1½
生クリーム：200cc
塩：小さじ½
黒こしょう：適宜

ピザ用チーズ：50g

## 作り方

① 佃煮のバターライスを作る。フライパンを熱してバターを溶かし、ごはんを入れてほぐしながら炒める。全体にバターがなじんだらアサリの佃煮、黒こしょうを加えて炒め合わせる。

② 鶏のみそそぼろを作る。しょうがはみじん切りにする。aを混ぜ合わせる。フライパンにサラダ油をひき、しょうが、鶏ももひき肉を加えてほぐしながら炒める。肉の色が変わったらaを加えて、水気が無くなるまで煮詰める。

③ ベシャメルソースを作る。フライパンを熱してバターを溶かし、みじん切りにした玉ねぎを入れて中火で炒める。少ししんなりしたら薄力粉を加えて炒め合わせる。粉っぽさが無くなったら生クリーム、塩、黒こしょうを加えて、とろみがつくまで煮詰める。

④ 耐熱皿に①、②、③、ピザ用チーズの順に重ね、オーブントースターでチーズが溶けて焼き目がつくまで焼く。

### SHIMPEI'S POINT

*1 佃煮をごはんとしっかり炒めることで
味を全体に行きわたらせることができる。

*2 先に玉ねぎを炒めてから薄力粉を入れて、
完全に混ざった状態で生クリームを入れると
だまにならない。

# ビールに合う　夏のおつまみ3種

たたききゅうりの紹興酒漬け／イワシの梅煮風かば焼き
サバ缶ハッシュドポテト

TAICHI'S COMMENT

たたききゅうりは酸味が
しっかりしていてビールに合う！
かば焼きは夏バテしそうな時にいいですね。
ハッシュドポテトは塩気のある
サバと食べるとちょうどいい！

photo by TAICHI

## 中肴 たたききゅうりの紹興酒漬け  ビールによく合う!

材料（2〜3人分）

きゅうり：3本
塩：小さじ1
酢：大さじ4
しょうが：1片

a ｜ しょうゆ：大さじ3
　　紹興酒：大さじ3
　　砂糖：大さじ1½
　　みりん：大さじ1
　　花椒：小さじ½

作り方

① きゅうりはヘタを落とし、麺棒などでたたいてから4cm長さに切り、塩を振ってもみ込む。30分置く。出てきた水分をしっかり絞る。

② 小鍋にaを煮立てる。しっかり冷ましてから酢を加える。

③ 密閉袋に、①、②、千切りにしたしょうがを加えて冷蔵庫で一晩漬ける。

---

## 和肴 イワシの梅煮風かば焼き ビールによく合う!

材料（2人分）

イワシ（3枚におろしたもの）：3尾分（200g）
塩：小さじ⅓
梅干し：1個

a ｜ しょうゆ：大さじ1½
　　みりん：大さじ1
　　酒：大さじ½
　　砂糖：小さじ2
サラダ油：小さじ1
白炒りごま：適宜

作り方

① イワシは塩を振る。

② 梅干しは種を取り除いてたたき、aと混ぜ合わせる。

③ フライパンを熱してサラダ油をひき、イワシをサッと両面焼いて②を加えてからめる。

④ バットに白炒りごまをひき、③を皮を下にして入れ、ごまをつける。器に盛り、フライパンに残ったたれをかける。

**SHIMPEI'S POINT**

**イワシは両面をサッと焼く程度に留めて
調味料をからめると、身がフワッと美味しく仕上がる。**

---

## 洋肴 サバ缶ハッシュドポテト ビールによく合う!

材料（2人分）

サバ缶（水煮）：1缶（200g）
じゃがいも：1個（200g）
薄力粉：大さじ½
オリーブ油：大さじ1
タイム：2本
塩：小さじ¼
黒こしょう：適宜
ピザ用チーズ：30g

作り方

① じゃがいもは皮をむき、3mm幅の細切りにしてボウルに入れ、薄力粉を加えてまぶす。サバ缶は缶汁をきり、キッチンペーパーで水気を拭く。

② 鉄鍋にサバを入れる。サバの周りにオリーブ油をまわしかけ、①のじゃがいもを広げ入れてタイムをのせる。

③ 蓋をしてから中火で加熱する。ジューッと音が出てから3分加熱する。蓋を取って塩、黒こしょうを振り、真ん中にピザ用チーズをのせ再び蓋をしてチーズが溶けるまで加熱する。

**SHIMPEI'S POINT**

**じゃがいもはくっつかなくなるので水にさらさない。**

# 焼き豚まぶし定食
焼き豚重／長芋の梅和え／ニラ辛／にんにくスープ

photo by TAICHI

**TAICHI'S COMMENT**
焼き豚重はそのままでも、
薬味をのせても、
スープをかけても美味しい!
味変を楽しめます。

## 和飯 焼き豚重

材料（2人分）

豚肩ロースかたまり肉：
350ｇ
a ┌ しょうゆ：大さじ1
　├ 酒：大さじ½
　└ 砂糖：小さじ½
ごま油：大さじ1
麦ごはん：2人分
青ねぎ（小口切り）、青海苔：
各適宜

【たれ】
にんにく（すりおろし）：
1片分
しょうゆ：大さじ3
酒：大さじ2
みりん：大さじ1
砂糖、コチュジャン：
各小さじ2

作り方

① 小鍋にたれの材料を合わせて一煮立ちさせる。

② 豚肩ロースかたまり肉は1cm厚さのそぎ切りにして
　ボウルに入れ、aを加えてもみ込む。フライパンを
　熱してごま油をひき、豚肉を入れて強火で焼く。

③ 器に麦ごはんを盛って、②を並べ、①をかける。

④ 青ねぎ、青海苔を添える。

SHIMPEI'S POINT

**豚肉とたれを一緒に調理してしまうと
味がまとまりすぎてしまうので、別々に調理することで、
いろいろな味の変化が楽しめる。**

## 和菜 長芋の梅和え

材料（2人分）

長芋：80ｇ
梅干し：1個

作り方

① 長芋は皮をむき、3cm長さの縦細切りにする。梅
　干しは種を取り除いて細かくたたき、長芋と和える。

SHIMPEI'S POINT

**長芋は細く切ることで食感を楽しめる。**

## 和汁 にんにくスープ

材料（2人分）

にんにく：1片
かつおだし：500cc
酒、みりん、薄口しょうゆ：
各大さじ1

塩：小さじ1
砂糖：小さじ½

作り方

① にんにくは縦薄切りにして鍋に入れ、その他の材料
　を加えて一煮する。

SHIMPEI'S POINT

**焼き豚重に合わせて、濃いめの味つけにする。**

## 和菜 ニラ辛

材料（2人分）

ニラ：1束
塩：少々

a ┌ しょうが（みじん切り）：
　│ 1片分
　├ 酢：小さじ2
　├ 白炒りごま、ごま油、
　├ 豆板醤、薄口しょうゆ：
　└ 各小さじ1

作り方

① ニラはサッと塩茹でして水にとり、水気を絞る。細
　かく刻んでボウルに入れ、aを加えて和える。

# 青唐辛子を使った旨辛絶品料理3種
青唐辛子の豚肉チーズ巻き／ししゃもの青唐ソースだれ
青唐辛子と野沢菜のポテトサラダ

TAICHI'S COMMENT

チーズ巻きは辛みで揚げ物の
くどさを感じずにあっさり食べられます。
ししゃもは苦味と辛さと
しょうゆベースのたれが合う！
ポテトサラダは夏らしい辛さでやみつきに。

男のロマン
シリーズ！
第23弾
「青唐辛子」

photo by TAICHI

## 和肉 青唐辛子の豚肉チーズ巻き

材料（8個分）

青唐辛子：大2〜3本
（25g）
スライスチーズ
（溶けるタイプ）：2枚
豚ロース肉
（しゃぶしゃぶ用）：16枚

塩：小さじ1/3
黒こしょう：適宜
a｜天ぷら粉：50g
　｜水：70cc
揚げ油、
レモン（くし形切り）：
各適宜

作り方

① 青唐辛子はヘタを取って3〜4等分に切る。スライスチーズは細長く4等分に切る。豚ロース肉を2枚ずつ互い違いになるように少し重ねて広げる。スライスチーズを豚肉の真ん中にのせ、その右端に青唐辛子をのせる。途中で両端を折り込むようにしながらクルクルと巻く。全部で8個作る。塩、黒こしょうを振って下味をつける。

② aを混ぜ合わせる。

③ 揚げ油を160℃に熱し、①に②の衣をつけて中火で揚げる。衣がかたまってきたらたまに返しながらきつね色になるまで揚げる。器に盛ってレモンを添える。

## 和魚 ししゃもの青唐ソースだれ

材料（2人分）

ししゃも：10尾
片栗粉：適宜
オリーブ油：大さじ2

【青唐ソース】
青唐辛子：3本（20g）
長ねぎ：15cm（50g）
にんにく、しょうが
（各みじん切り）：各1片分
a｜みりん、しょうゆ、
　｜レモン汁：各大さじ1
　｜みそ、オイスターソース：
　｜各大さじ1/2
　｜砂糖：小さじ1

作り方

① 青唐ソースを作る。青唐辛子はヘタを取り、縦4等分に切ってからみじん切りにしてボウルに入れる。長ねぎもみじん切りにしてボウルに加え、にんにく、しょうが、aを合わせてよく混ぜる。

② ししゃもは片栗粉をまぶす。フライパンを熱してオリーブ油をひき、ししゃもを入れて強めの中火で両面をこんがりと焼く。

③ 器に②を盛って①をかける。

## 洋菜 青唐辛子と野沢菜のポテトサラダ

材料（2〜3人分）

じゃがいも：小4個（500g）
青唐辛子：3本（20g）
紫玉ねぎ：1/4個（50g）
野沢菜：150g

バター：5g
a｜すし酢、マヨネーズ：
　｜各大さじ2
　｜塩：小さじ1/3

作り方

① じゃがいもは皮をむいて4等分に切る。鍋に入れてかぶるくらいの水を加え、15分程茹でる。竹串がスッと通ったら水分を捨て、再び強火にかけて水分を飛ばす。マッシャー等で潰してボウルに移す。

② 青唐辛子はヘタを取り、縦4等分に切ってからみじん切りにする。紫玉ねぎは粗みじん切りにして水にさらす。野沢菜は汁気を絞って粗みじん切りにする。バター、青唐辛子、野沢菜、水気をきった紫玉ねぎをじゃがいもが熱いうちに①に加えて和える。粗熱を取ってから、冷蔵庫で30分冷やす。

③ 冷めたらaを加えて和える。

# ズッキーニのミルフィーユ焼き／トマトの野菜タルタルソース
# ゴーヤの肉巻きフライ

TAICHI'S COMMENT

ミルフィーユ焼きは
すごくシンプルでジューシー！
トマトのタルタルソースは
湯むきが大事ですね。
ゴーヤの肉巻きフライはゴーヤの苦味を
豚肉の甘みが抑えてくれます。

photo by TAICHI

## 洋菜 ズッキーニのミルフィーユ焼き

材料（2〜3人分）

ズッキーニ：1本（200g）
ベーコン（かたまり）：
100g

a｜パン粉、オリーブ油：
　　各大さじ1
オリーブ油、塩、
黒こしょう：各適宜
スライスチーズ
（溶けるタイプ）：5枚

SHIMPEI'S POINT

ズッキーニ→ベーコン→スライスチーズの順で重ねると、
ベーコンの旨味をズッキーニが吸って美味しくなる。

作り方

① ズッキーニは長さを半分に切ってからピーラーで薄切りにする。ベーコンは3mm厚さに切ってから長ければ半分に切る。aを混ぜ合わせる。

② 耐熱容器に⅕量のズッキーニを少しずらしながら並べ、オリーブ油小さじ½、塩1つまみ、黒こしょう少々を振る。⅕量のベーコン、スライスチーズ1枚の順に重ねる。同様に繰り返す。aを散らす。

③ オーブントースターで5分程焼き目がつくまで加熱する。

## 洋菜 トマトの野菜タルタルソース

材料（2〜3人分）

ミニトマト：1パック
玉ねぎ：⅙個（40g）
ピーマン：1個（30g）

a｜マヨネーズ、フレンチ
　　マスタード：各大さじ1
　　すし酢：大さじ½

SHIMPEI'S POINT

すし酢は甘みとコクがあり、調味料として
使いやすいのでオススメ。

作り方

① ミニトマトはヘタを取り、切り込みを入れる。鍋に湯を沸かしてミニトマトを入れて数秒加熱し、すぐに冷水にとって皮をむく。水気を拭いて器に盛る。

② 玉ねぎ、ピーマンはみじん切りにしてボウルに入れ、aを加えて混ぜ合わせる。①にかける。

## 和菜 ゴーヤの肉巻きフライ

材料（2〜3人分）

ゴーヤ：1本
豚ロース肉
（しゃぶしゃぶ用）：200g
a｜しょうゆ、酒：
　　各大さじ1
　　みりん：大さじ½

片栗粉、揚げ油：各適宜
レモン（くし形切り）：適宜

作り方

① 豚ロース肉はバット等に広げて並べ、よく混ぜたaをかける。

② ゴーヤは縦半分に切ってスプーンで種とワタを取り除き、1cm幅くらいを目安に豚肉の枚数分に等分に切る。

③ ゴーヤを①で巻き、片栗粉をギュッとまぶす。

④ 揚げ油を180℃に熱し、③を入れて中火で揚げる。衣がかたまってきたらたまに返しながら揚げる。きつね色になったら取り出す。器に盛ってレモンを添える。

# 揚げ出しうどん
# 甲府鳥もつ煮

第10弾
山梨県編

photo by TAICHI

## 和　麺　揚げ出しうどん

材料（2人分）

吉田のうどん
（茹でたもの）：2玉
麩：4個
ほうれん草（茹でたもの）：
60g
しょうゆ：大さじ2
揚げ油：適宜

a｜かつおだし：800cc
　｜酒、みりん：
　｜各大さじ1
　｜塩：小さじ1
b｜天ぷら粉：60g
　｜水：70cc
かまぼこ（5mm厚さに切っ
たもの）：4切れ
大根おろし、しょうが
（すりおろし）：各適宜

作り方

① 麩は湯で戻して軽く水気をきる。ほうれん草は5cm
長さに切る。

② 鍋にaを合わせて一煮立ちさせ、アルコールが飛ん
だらしょうゆを加えて混ぜる。

③ ボウルにbを混ぜてうどんを加えてからめる。揚げ
油を180℃に熱し、うどんを1本ずつ入れて衣がカ
リッとするまで揚げる。

④ 器に③を入れて②を注ぎ、①、かまぼこ、大根おろ
し、しょうがをのせる。

SHIMPEI'S POINT

**うどんを1本ずつ揚げることで、麺のくっつきを防ぐ。**

---

## 和　肉　甲府鳥もつ煮

材料（2〜3人分）

鶏もも肉：200g
鶏レバー：150g
砂肝：100g
キンカン：50g

a｜酒、みりん：各100cc
　｜砂糖：大さじ1½
しょうゆ：大さじ3
しょうが（千切り）：1片分
青ねぎ（小口切り）、山椒粉：
各適宜

作り方

① 鶏もも肉は食べやすい大きさに切る。鶏レバーは
洗って水気を拭く。ハツを切り離して縦に切り込み
を入れて開き、血管や血のかたまりを取り除く。白
い脂も切り取る。残りのレバーは食べやすく切り分
ける。血管や血のかたまり、白い脂が出てきたら取
り除く。砂肝は食べやすい大きさに切る。

② 鍋にaを合わせて煮立て、しょうゆ、しょうが、①、
キンカンを加える。落とし蓋をしてたまに混ぜながら
中火で15分煮る。落とし蓋を取って汁気を飛ばす。

③ 器に盛って青ねぎを散らし、山椒粉を振る。

# セミドライトマトのアーリオ・オーリオ
# パプリカの肉詰め
自家製セミドライトマト

TAICHI'S COMMENT

アーリオ・オーリオはセミドライトマトが
入った本格的なイタリアン。
パプリカの肉詰めはピーマンとは
一味違うジューシーさが
たまらないですね。

photo by TAICHI

## 伊菜 自家製セミドライトマト

材料（作りやすい分量）

ミニトマト：適宜

**SHIMPEI'S POINT**

**ミニトマトは縦半分に切ることで、熱があたる面積が
広くなり、早く乾燥させることができる。**

作り方

① ミニトマトはヘタを取って縦半分に切る。天板にクッキングシートを敷き、ミニトマトを並べる。

② 120℃のオーブンで1時間45分～2時間程加熱する。

★ 保存する場合はスライスしたにんにく½片分と一緒に密閉容器に入れ、
オリーブ油適宜をひたひたに浸かるくらいまで注いでオイル漬けにする。

---

## 伊麺 セミドライトマトの
## アーリオ・オーリオ

材料（2人分）

| | |
|---|---|
| フェデリーニ：200g | アンチョビ：3枚 |
| 塩、オリーブ油：各適宜 | にんにく（みじん切り）： |
| 自家製セミドライトマト： | 大1片分 |
| 40g | 黒こしょう、 |
| | パルミジャーノ：各適宜 |

作り方

① セミドライトマトは3等分に切り、アンチョビはみじん切りにする。

② フェデリーニは塩、オリーブ油各適宜を加えた熱湯で袋の表示時間より1分短く茹でる。

③ フライパンを熱してオリーブ油大さじ2をひき、①、にんにくを入れて焦がさないように気をつけながら中火で炒める。香りが出てきたらパスタの茹で汁大さじ2を入れて混ぜ合わせる。

④ 茹で上がった②、塩小さじ⅓を加えて炒め合わせる。器に盛ってオリーブ油をかけ、黒こしょうを振り、パルミジャーノをすりおろす。

---

## 伊肉 パプリカの肉詰め

材料（2人分）

| | | |
|---|---|---|
| パプリカ：1個 | a | イタリアンパセリ |
| 合いびき肉：100g | | （みじん切り）：大さじ1 |
| 玉ねぎ：⅙個（40g） | | 塩：小さじ¼ |
| にんにく：½片 | | 黒こしょう：適宜 |

薄力粉：適宜
オリーブ油、イタリアンパセリ（みじん切り）：各適宜

作り方

① 玉ねぎ、にんにくはみじん切りにしてボウルに入れ、合いびき肉、aを加えてよく混ぜ合わせる。

② パプリカは縦半分に切ってヘタと種を取り除き、白いワタを取る。内側に薄力粉をまぶす。①を半量ずつ詰め、真ん中を少しへこませる。

③ フライパンを熱してオリーブ油大さじ1をひき、②の断面を下にして入れて蓋をして強めの中火で焼く。パプリカに焼き目がついたら返して両面を焼く。

④ 器に盛ってオリーブ油を回しかけ、イタリアンパセリを散らす。

**SHIMPEI'S POINT**

**パプリカの内側に薄力粉をまぶすことで、
肉ダネがはがれずキレイに仕上がる。**

TAICHI'S COMMENT

TKGはごまの風味が
効いていて美味しいです。
お茶漬けにしても良さそう！
麦茶漬けは夏に食べたい一品。
ぶっかけ飯はしっかりした味つけで
ごはんが進みますね！

SUMMER
**634**   2020.08.09 OA

# 漬け刺身のっけTKG／鯛みその冷やし麦茶漬け
# 焼き豚トロとニラのぶっかけ飯

## 和 飯 漬け刺身のっけTKG

### 材料(1人分)

刺身盛り合わせ：1人前
a しょうゆ：大さじ2
　みりん：大さじ½
　酒：小さじ½

青じそ：3枚
みょうが：½個
温かいごはん：1人分
卵：1個
白練りごま：適宜
刻み海苔：適宜

**SHIMPEI'S POINT**

刺身は時間をかけて漬け込むことで、
漬け汁が染み込んでしっかりした味になる。

### 作り方

① バットにaを混ぜ、刺身を加えて3時間以上（できれば一晩）漬け込む。青じそは千切りにし、みょうがは小口切りにする。

② 器にごはんを盛り、卵を加えて混ぜる。

③ ②に漬け刺身をのせ、漬け汁適宜をかける。白練りごまをかける。青じそ、みょうが、好みで刻み海苔をのせる。

---

## 和 飯 鯛みその冷やし麦茶漬け

### 材料(1人分)

鯛：2切れ(150g)
a しょうが
　（みじん切り）：1片分
　みそ：大さじ3
　しょうゆ、みりん、酒：
　各大さじ1
　砂糖：大さじ½

白すりごま：大さじ1
冷たいごはん：1人分
冷たい麦茶、青ねぎ
（小口切り）：各適宜

**SHIMPEI'S POINT**

*1 麦茶の風味に合うように、味つけは少し濃いめにする。

*2 油を使わないことで、さっぱりとした仕上がりになる。

### 作り方

① 鯛は皮を取って骨を取り除き、1cm幅に切る。

② aを混ぜ合わせる。

③ フライパンに油をひかずに鯛を入れて中火にかけ、ほぐしながら炒める。ほぐれてきたら②を加えて炒め合わせる。全体がなじんだら白すりごまを加えて混ぜる。バット等に移して粗熱を取ってから冷蔵庫で冷やす。

④ 器にごはんを盛り、③をのせて冷たい麦茶をかけ、青ねぎを散らす。

---

## 和 飯 焼き豚トロとニラのぶっかけ飯

### 材料(1人分)

豚トロ：100g
塩：小さじ⅓
黒こしょう：適宜
ニラ：3本(35g)

a 麺つゆ（3倍濃縮）：
　大さじ1½
　水：大さじ1
　片栗粉：小さじ1
ごま油：大さじ1
温かいごはん：1人分
山椒粉：適宜

### 作り方

① 豚トロは1cm幅の細切りにして塩、黒こしょうを振る。ニラは1cm幅に刻む。aを混ぜ合わせる。

② フライパンを熱してごま油をひき、豚トロを入れて強火で両面を焼く。肉に火が通ったらニラを加えて炒め、油が回ったら再度よく混ぜたaを加えて炒め合わせる。

③ 器にごはんを盛って②をかけ、山椒粉を振る。

# サバ缶タルタル／焼き鳥ときゅうりの納豆和え
# 焼き鳥缶のスパゲッティグラタン

太一
レシピ
TAICHI'S RECIPE

**TAICHI'S COMMENT**

タルタルはさっぱりしていて
白ワインによく合いますね。
納豆和えはごま油が味のバランスを
ととのえています。
グラタンは焼き鳥とソースの
相性が抜群！

photo by TAICHI

## 洋 魚 サバ缶タルタル  白ワインによく合う!

**材料(2人分)**

サバ缶(水煮):1缶(200g)
紫玉ねぎ:小¼個
ケッパー:10g
ディル(刻む):3枝分
かぼす汁:大さじ½
オリーブ油、黒こしょう:各適宜
塩:小さじ⅕
かぼす(くし形切り)、クラッカー:各適宜

**作り方**

① 紫玉ねぎはみじん切りにして水にさらす。水気をしっかりきる。ケッパーは刻む。

② ボウルに缶汁をきったサバ、①、ディル2枝分、かぼす汁、オリーブ油大さじ1、塩、黒こしょうを入れてよく混ぜる。

③ 器に②を盛る。上からオリーブ油少々を回しかけ、黒こしょうを振り、ディル1枝分をのせる。かぼす、クラッカーを添える。

**SHIMPEI'S POINT**

ケッパーを細かく刻むことで、味が全体に行きわたる。

---

## 和 肉 焼き鳥ときゅうりの納豆和え

太一レシピ ★ TAICHI'S RECIPE

**材料(2人分)**

焼き鳥缶(たれ味):1缶(75g)
きゅうり:½本
塩:1つまみ
らっきょう:3個
しょうが:1片
納豆:小1パック(40g)
しょうゆ:小さじ½〜1
わさび:小さじ½
ごま油:小さじ1
刻み海苔:適宜

**作り方**

① きゅうりは薄い輪切りにして塩を加えてもみ、15分置く。出てきた水分を絞る。らっきょうはみじん切りにし、しょうがは千切りにする。

② 焼き鳥缶は耐熱容器に移し、600Wの電子レンジで10〜20秒加熱する。焼き鳥を半分に切る。

③ ②に納豆、しょうゆ、わさび、らっきょう、しょうがを加えてよく混ぜる。水気をきったきゅうり、ごま油を加えてザッと和える。

④ 器に盛り、好みで刻み海苔を散らす。

**TAICHI'S POINT**

きゅうりは水分を抜くことで、時間がたっても水っぽくならない。

---

## 洋 麺 焼き鳥缶のスパゲッティグラタン

**材料(2人分)**

焼き鳥缶(たれ味):2缶(150g)
スパゲッティーニ:100g
玉ねぎ:¼個(60g)
にんにく:1片
バター:10g
薄力粉:大さじ2
牛乳:250cc
塩、黒こしょう:各適宜
オリーブ油:適宜
青ねぎ(小口切り):3本分
ピザ用チーズ:40g

**作り方**

① 玉ねぎ、にんにくはみじん切りにする。

② フライパンを熱してバターを溶かし、玉ねぎ、にんにくを中火で炒める。玉ねぎが透き通ってきたら薄力粉を加えて炒める。粉っぽさが無くなったら牛乳を加える。たまに混ぜながらとろみがつくまで煮詰める。

③ 焼き鳥缶を缶汁ごと加え、塩小さじ½、黒こしょうを振って混ぜる。

④ スパゲッティーニは塩、オリーブ油各適宜を加えた熱湯で袋の表示時間通りに茹でる。茹で上がったら水気をきって③に加え、青ねぎも加えて和える。

⑤ 耐熱皿に④を入れ、ピザ用チーズを散らす。200℃のオーブンで10分程焼く。

# 豚肉とたけのこのお酢煮そうめん／豚トロカレーそうめん
# ひき肉ともやしの卵焼きそうめん

お酢煮そうめんは味にコクがあります。
カレーそうめんはトロッとした新食感！
卵焼きそうめんは、シンプルな具材が
そうめんを引き立てます。

photo by TAICHI

## 和 麺 豚肉とたけのこのお酢煮そうめん

### 材料（2人分）

そうめん：150g
豚こま切れ肉：150g
たけのこ（水煮）：50g
ごま油：大さじ½
水：100cc
酢：150cc

a しょうゆ：大さじ1½
  オイスターソース：
  大さじ1
  砂糖：小さじ2
b 片栗粉、水：各小さじ1
しょうが（すりおろし）：1片分
青ねぎ（小口切り）：適宜

### 作り方

① 豚こま切れ肉は1cm幅に切る。たけのこは縦薄切りにする。

② 鍋を熱してごま油をひき、豚肉を強火で炒める。豚肉の色が少し変わってきたらたけのこを加える。肉の色がほぼ変わったら水、酢を加える。煮立ったらaを加えて一煮する。混ぜ合わせたbを加えてとろみがつくまで煮詰める。しょうがを加えて混ぜる。

③ そうめんは袋の表示時間通りに茹で、流水でよく洗って水気を絞る。

④ 器に③を盛って②をかけ、青ねぎを散らす。

## 洋 麺 豚トロカレーそうめん

### 材料（2人分）

そうめん：150g
豚トロ：100g
玉ねぎ：小1個（170g）
にんにく、しょうが：各½片
バター：5g

a　水：200cc
　　カレー粉：大さじ1
　　鶏がらスープの素
　　（半練り）、オイスター
　　ソース：各小さじ1
　　塩：小さじ⅓
b　片栗粉、水：各小さじ1
カレー粉：小さじ1
塩：小さじ¼
サラダ油：小さじ1
香菜：適宜

### SHIMPEI'S POINT

**すりおろした玉ねぎ、にんにく、しょうがは、
しっかり炒めることで辛味がやわらぐ。**

### 作り方

① 玉ねぎ、にんにく、しょうがはすりおろす。

② 鍋を熱してバターを溶かし、①を入れて中火で炒める。バターがなじんだらaを加えて1分煮る。混ぜ合わせたbを加えてとろみがつくまで煮る。

③ 豚トロはカレー粉、塩をまぶす。フライパンを熱してサラダ油をひき、豚トロを入れて強めの中火で両面を焼く。

④ そうめんは袋の表示時間通りに茹で、流水でよく洗って水気を絞る。

⑤ 器に④を盛って②をかけ、③、食べやすい大きさにちぎった香菜をのせる。

---

## 和 麺 ひき肉ともやしの卵焼きそうめん

### 材料（2人分）

そうめん：100g
鶏ももひき肉：150g
a　卵：3個
　　塩：小さじ⅕
　　黒こしょう：適宜
ごま油：適宜

にんにく（みじん切り）：
1片分
もやし：1袋（200～250g）
麺つゆ（3倍濃縮）：
大さじ2
塩：小さじ⅓
黒こしょう：適宜

### SHIMPEI'S POINT

**そうめんの焼き目に炒め物の汁が染み込むことで
さらに美味しくなるので、そうめんはしっかり焼く。**

### 作り方

① そうめんは袋の表示時間通りに茹で、流水でよく洗って水気を絞る。aを混ぜ合わせる。

② フライパンを熱してごま油をひき、①のそうめんを丸く広げて入れ、中火でじっくり焼き、焼き目がついたら返して両面がきつね色になるまでカリッと焼く。ごま油少々を回し入れ、aを加えて蓋をして加熱する。卵がかたまったら器に取り出す。

③ フライパンにごま油をひき、鶏ももひき肉、にんにくを入れて強火でほぐしながら炒める。肉の色が変わったらもやしを加えて炒める。もやしが透き通ってきたら、麺つゆ、塩、黒こしょうを加えて炒め合わせる。

④ ②に③をかける。

# トラユーダ
# セビーチェ

しっかりした味つけのトラユーダと、
さっぱりとしたセビーチェは相性抜群。
辛くて美味しいメキシコ料理は
暑い夏にピッタリですね！

photo by TAICHI

**トラユーダ**

材料（2人分）

**【フリホーレス】**

キドニービーンズ（水煮）：
240 g

玉ねぎ：¼個（50 g）

ベーコン：70 g

オリーブ油：大さじ1

にんにく（みじん切り）：
1片分

a｜水：100cc
　｜白ワイン：大さじ1
　｜ローリエ：1枚

**【ワカモレ】**

アボカド：1個

にんにく（みじん切り）：
1片分

塩：小さじ¼

ライム汁：¼個分

黒こしょう：適宜

**【鶏のスパイス焼き】**

鶏むね肉：250 g

b｜オリーブ油：小さじ2
　｜塩：小さじ¼
　｜カイエンペッパー、
　｜コリアンダーパウダー：
　｜各小さじ1

オリーブ油：大さじ1

**【青唐辛子の酢漬け】**

青唐辛子：5本

すし酢：大さじ1½

トルティーヤ：4枚

ピザ用チーズ：80 g

キャベツ（千切り）：大2枚分

ミニトマト（横半分に切る）：
4個

ライム（くし形切り）：適宜

★トラユーダとは？
メキシコの南部地方でよく食べられている伝統料理。
温めたトルティーヤの上に肉や野菜などの具材をのせた、
メキシコ風ピザのような料理。

SHIMPEI'S POINT

**青唐辛子はすし酢に一晩漬けてしっかり味を染み込ませる。**

作り方

① 青唐辛子の酢漬けを作る。青唐辛子は小口切りにして容器に入れ、すし酢を加えて冷蔵庫で一晩漬けておく。

② フリホーレスを作る。玉ねぎ、ベーコンはみじん切りにする。フライパンを熱してオリーブ油をひき、玉ねぎを炒める。玉ねぎに油が回ったらにんにく、ベーコンを加えて炒める。全体がなじんだらキドニービーンズ、aを加えて中火で煮る。水分がほぼ無くなってきたらローリエを取り除き、火を止めてマッシャー等で潰しながら混ぜる。

③ ワカモレを作る。アボカドは包丁でぐるりと切り込みを入れて半分に割り、種を取り除いてスプーンで果肉をすくってボウルに入れる。スプーン等で身を潰し、その他の材料を加えて混ぜる。

④ 鶏のスパイス焼きを作る。鶏むね肉は皮を取って、厚さを半分にそぎ切りにしてbでマリネする。フライパンを熱してオリーブ油をひき、鶏肉を入れて強めの中火で両面を焼く。

⑤ サッと拭いたフライパンにトルティーヤ1枚を入れて軽く焼き、少し膨らんできたら、ひっくり返してフリホーレスを塗り、ピザ用チーズを散らし、キャベツ、ミニトマトをのせる。蓋をして中火で3分焼く。別のフライパンでトルティーヤ1枚を弱火で焼く。もう1人分も同様に作る。

⑥ 器に⑤を盛り、鶏肉をのせる。①、③、ライムを添える。

---

洋 魚 **セビーチェ**

材料（2人分）

茹でタコ：170 g

ホタテ貝柱（生食用）：
5個（160 g）

紫玉ねぎ：¼個（50 g）

香菜：1株

ミニトマト：6個

青唐辛子：1本

にんにく（みじん切り）：
1片分

オリーブ油：大さじ2

塩：小さじ½

ライム汁：1個分

★セビーチェとは？
魚介類に玉ねぎ、トマト、香菜等の野菜を加え、
ライム汁やレモン汁で和えたマリネ。

作り方

① 茹でタコは水気を拭いて小さめの一口大に切る。ホタテ貝柱は水気を拭いて4等分に切る。紫玉ねぎ、香菜はみじん切りにする。ミニトマトは縦半分に切る。青唐辛子は小口切りにする。

② ボウルに全ての材料を加えて和える。

③ 器に②を盛り、オリーブ油適宜（分量外）を回しかけて香菜適宜（分量外）をのせる。

# 鮭の南蛮漬け／ひじきとキクラゲのごま和え
冷やし中華／バインミー風バゲットサンド

南蛮漬けとごま和えがまったく違う
料理に変身して楽しい！
ぜひ作り置き＆アレンジレシピに
挑戦してください。

作り置きおかずシリーズ第2弾

photo by TAICHI

---

## 和 魚 鮭の南蛮漬け

### 材料（2〜3人分）

生鮭：3切れ（250g）
にんじん：½本（100g）
セロリ：1本（100g）
玉ねぎ：¼個（100g）
しょうが：2片
かぼす：½個

a｜ かつおだし：200cc
　　しょうゆ、すし酢：
　　各大さじ3
　　かぼす汁：大さじ½
塩：小さじ⅓
黒こしょう、薄力粉：各適宜
揚げ油：適宜

### SHIMPEI'S POINT

ラップの上から押すことで、合わせ調味料が
野菜までムラなく行きわたる。

### 作り方

① にんじん、セロリ、玉ねぎ、しょうがは千切りにする。かぼすは輪切りにする。バットにaを混ぜ合わせる。

② 生鮭は一口大に切り、塩、黒こしょうで下味をつける。薄力粉をまぶす。揚げ油を180℃に熱し、鮭を入れて中火で揚げる。鮭に火が通り、周りがカリッとしてきたら取り出す。

③ ②の油をきってaに漬ける。にんじん、セロリ、玉ねぎ、しょうが、かぼすを加え、ラップで押さえるようにしてaが上の方まで行きわたるようにする。冷蔵庫で2時間以上漬ける。

## 和菜 ひじきとキクラゲのごま和え

### 材料(2〜3人分)

ひじき：15 g
キクラゲ：10 g
きゅうり：1本
にんじん：½本(100 g)
塩：小さじ⅓
ハム：70 g

a | 白練りごま：大さじ3
しょうゆ：大さじ1
すし酢：大さじ2
砂糖：小さじ1

白すりごま：適宜

### 作り方

① ひじきは水で戻し、しっかり水気をきる。キクラゲは水で戻し、千切りにして熱湯でサッと茹でる。流水でザッと洗って水気を絞る。

② きゅうり、にんじんは千切りにして塩を振って15分置く。出てきた水分をしっかり絞る。ハムは半分に切ってから細切りにする。

③ ボウルにaを混ぜ合わせる。①、②を加えて和える。器に盛って白すりごまを振る。

**SHIMPEI'S POINT**

**余分な水分が出ないように具材全体の水気をよく絞る。**

---

鮭の南蛮漬けを使ったアレンジレシピ

## 中麺 冷やし中華

### 材料(1人分)

鮭の南蛮漬け：2切れ
南蛮漬けの野菜：適宜
冷やし中華用麺：1玉

a | 南蛮漬けの汁：大さじ5
酢：大さじ1
白練りごま：小さじ1

青ねぎ(小口切り)：適宜

### 作り方

① ボウルに南蛮漬けの野菜、鮭を入れてほぐし、aを加えて混ぜ合わせる。

② 冷やし中華用麺は袋の表示時間通りに茹で、流水で洗って水気をしっかりきる。①に加えて和える。

③ 器に盛って、青ねぎを散らす。

---

ひじきとキクラゲのごま和えを使ったアレンジレシピ

## 亜粉 バインミー風バゲットサンド

### 材料(1人分)

バゲット：10cm
ひじきとキクラゲのごま和え：70 g

ナンプラー、レモン汁：各小さじ½
香菜(刻んだもの)：適宜

### 作り方

① バゲットは好みの厚さに切り、オーブントースターで焼く。

② ひじきとキクラゲのごま和えにナンプラー、レモン汁、香菜を加えて和える。

③ ①で②を挟む。

# リボベジに挑戦!

おうち時間が増えた昨今、注目を集める"リボベジ"。
リボベジとは、再生野菜(リボーンベジタブル)の略で、
野菜の芽や根を水につけ、再生させることを指す。
数あるリボベジの中から、今回は3種類に挑戦!

## カブ

心平

「食べる部分がもったいないから
ギリギリで切りたくなっちゃうね」

**手順**

カブの新芽部分を残して根の半分を切り、茎は
5cm程残して切る。容器に入れて根の断面部
分が浸るくらい水を入れる。部屋の窓際に置き、
毎日水を替える。栽培は、少し涼しいと感じる
時期がオススメ。

## パクチー

太一

「パクチーがうまく育ったらうれしいね!
2～3回は収穫できるみたい」

**手順**

新芽部分を残して切る。長い茎の葉はつけ根部
分から取り除く。新芽周りの数本は保護用として
残してもOK。コップに入れて根元が浸るくらい水
を入れる。部屋の窓際に置き、毎日水を替える。

## 九条ねぎ

**手順**

白と緑の境目あたり(約6cm)を切る。コップに
入れて根元が浸るくらい水を入れる。部屋の窓
際に置き、毎日水を替える。栽培は、少し涼し
いと感じる時期がオススメ。

太一

「この他にも葉野菜では春菊、小松菜、
ほうれん草でもできるらしいよ」

「へ～! 知らなかった!」

心平

# AUTUMN

男子ごはんの秋。

## カニ玉／エビマヨ
## 牛肉とキノコの中華風スープ

カニ玉はごま油多めで
こってりさせることが大事ですね。
エビマヨは衣はカリッと、エビはプリプリです！
スープは味はしっかりしているのに
さっぱり食べられます。

photo by TAICHI

### 中 汁 牛肉とキノコの中華風スープ

**材料（2人分）**

牛切り落とし肉：100g
エノキ：½袋（50g）
しいたけ：4個（40g）
にんにく：½片
しょうが：1片
水：600cc

a
紹興酒：大さじ½
鶏がらスープの素
（半練り）：小さじ1
オイスターソース、
しょうゆ：各小さじ2
塩：小さじ¼

b
片栗粉、水：各大さじ1

**作り方**

① エノキは石づきを落として1cm幅に刻む。しいたけは軸を落として縦薄切りにする。にんにく、しょうがはみじん切りにする。牛切り落とし肉は小さめの一口大に切る。

② 鍋に水を入れて火にかけ、沸いてきたらa、にんにく、しょうがを加えて一煮する。

③ 牛肉を加えて菜箸で軽くほぐし、しいたけ、エノキを加えて一煮する。少ししんなりしたら、よく混ぜ合わせたbを加えてとろみをつける。

## 中 卵 カニ玉

材料（2人分）

【カニ玉あん】
水：250cc
a 「 酒、みりん：各大さじ½
　　砂糖、薄口しょうゆ：
　　各小さじ1
　　鶏がらスープの素
　　（半練り）：小さじ½
　　塩：小さじ¼
　　酢：大さじ1
b 「 片栗粉、水：各小さじ2
しょうが（すりおろし）：
1片分

カニ缶：大½缶（50g）
c 「 卵：3個
　　塩：小さじ¼
　　黒こしょう：適宜
ごま油：大さじ1
玉ねぎ（みじん切り）：¼個分
（50g）
にんにく、しょうが（各みじ
ん切り）：各½片分
青ねぎ（小口切り）：適宜

作り方

① カニ玉あんを作る。小鍋に水を入れて沸かし、aの材料を加えて混ぜ合わせる。混ぜ合わせたbを加えて混ぜ、とろみがつくまで煮詰める。とろみがついたらしょうがを加えて混ぜ合わせる。

② ボウルにカニ缶を缶汁ごと入れ、cを加えてよく混ぜ合わせる。

③ フライパンを熱してごま油大さじ½をひき、玉ねぎ、にんにく、しょうがを中火で炒める。玉ねぎが透き通ってきたら②の卵液を加え、フライパンの縁からごま油大さじ½を回し入れ、少し加熱する。卵が少しかたまってきたら菜箸で軽く混ぜながら加熱し、半熟になってきたら蓋をして焼きかためる。器に取り出す。

④ ①をかけ、青ねぎを散らす。

⑤ 丼にする場合は、カニ玉をごはん適宜（分量外）の上にのせ、あんをかける。三つ葉適宜（分量外）を散らす。

SHIMPEI'S POINT

**カニ缶は汁ごと加えることで、
カニの風味が強くなり本格的に仕上がる。**

## 中 魚 エビマヨ

材料（2人分）

むきエビ：200g
塩：小さじ⅓
黒こしょう：適宜
揚げ油：適宜
ごま油：少々
a 「 薄力粉：大さじ5½
　　片栗粉：大さじ2
　　ベーキングパウダー：
　　小さじ½
　　ごま油：小さじ1
　　水：70cc

b 「 卵黄：1個
　　マヨネーズ：大さじ3
　　レモン汁：小さじ1
　　オイスターソース、
　　砂糖：各小さじ½
リーフレタス：適宜

作り方

① むきエビは水気を拭いて背開きにし、あれば背ワタを取り除き、塩、黒こしょうで下味をつける。

② 揚げ油、ごま油を合わせて180℃に熱する。ボウルにaを混ぜ合わせ、①をくぐらせて衣をつけて揚げ油に入れ、中火で揚げる。衣がかたまってきたらたまに返しながらカリッと色づくまで揚げる。

③ ボウルにbを混ぜ、②を加えてサッと和える。

④ 器にリーフレタス、③を盛る。

⑤ 丼にする場合は、揚げたエビをごはん適宜（分量外）の上にのせ、ボウルに余ったソースをかける。小口切りにした青ねぎ適宜（分量外）を散らす。

SHIMPEI'S POINT

**エビは背開きにすることで食感をより楽しむことができる。**

**衣がガチッとかたまるまで揚げることで、
食べ応えが良くなる。**

# チキンジュレ タプナードソース
# 白身魚のポワレ シャンピニオンソース
# 牛肉のコートレット バルサミコソース

ビストロ
みたいな
料理を
作ろう！
第1弾

photo by TAICHI

---

## 仏 肉 チキンジュレ タプナードソース

🔔 シャンパンに
よく合う！

### 材料（2人分）

手羽中：10本（200g）

a
水：400cc
白ワイン：大さじ1
ローズマリー：1本
にんにく：½片

生クリーム：大さじ1
塩：小さじ⅓

【タプナードソース】
オリーブ（黒色、種なし）：
7〜8個（20g）
ケッパー：5g
アンチョビ：1枚
にんにく：½片
オリーブ油：大さじ1

### SHIMPEI'S POINT

*1 蓋を少しずらして水分量を調節しながら煮ることで、
旨味が凝縮されたスープに仕上がる。

*2 手羽中のコラーゲン成分で適度にかたまり
ジュレに仕上がる。

### 作り方

① 鍋に手羽中、aを入れて強火にかけ、沸いてきたら少しずらして蓋をして弱めの中火で30分煮る。ローズマリー、にんにくを取り除く。生クリーム、塩を加えて混ぜ合わせる。浮いている脂を取り除く。ボウルに移して氷水につけ粗熱を取る。粗熱が取れたら手羽中の骨を取り除き、一口大にほぐす。

② 器に①を等分に流し入れて冷蔵庫で1〜2時間程かたまるまで冷やす。

③ タプナードソースを作る。ボウルに全ての材料を入れてハンドミキサーでペースト状にする。

④ ②に③をのせる。

## 仏 魚 白身魚のポワレ シャンピニオンソース 🍷白ワインによく合う!

### 材料（2人分）

白身魚（スズキ、鯛等）：
2切れ
塩：小さじ⅓
黒こしょう、薄力粉：各適宜
オリーブ油：大さじ2
ローズマリー：1本

【シャンピニオンソース】
マッシュルーム：1パック
（100g）
長ねぎ：5cm（25g）
にんにく：1片
バター：10g
生クリーム：200cc
塩：小さじ⅓

ラディッシュ、クレソン、
ピンクペッパー：各適宜

### 作り方

① シャンピニオンソースを作る。マッシュルームは石づきを取って縦薄切りにする。長ねぎはみじん切りにする。にんにくは横薄切りにする。

② フライパンを熱してバターを溶かし、長ねぎ、にんにくを中火で炒める。香りが出てきたらマッシュルームを加えて炒める。しんなりしたら生クリームを加え、中火で少し色づいてとろみがつくまで3〜5分程煮詰める。

③ ハンドミキサーでペースト状にした後、ザル等でこす。フライパンに戻して再び火にかけ、塩を加えて一煮する。

④ 白身魚は塩、黒こしょうで下味をつける。薄力粉を薄くまぶす。フライパンを熱してオリーブ油をひき、魚の皮を下にして入れて、ローズマリーと共に強めの中火で蓋をして焼く。皮目に焼き目がついたら返し、両面を焼く。

⑤ 器に③のソースを敷き、④をのせる。ラディッシュ、クレソン、ピンクペッパーを散らす。

### ⚡ SHIMPEI'S POINT

*1 なめらかな舌触りのソースに仕上げるため、ペースト状にした後にザル等でこす。

*2 一定の火加減で蒸し焼きにすることで、魚の水分を逃さずジューシーに仕上がる。

---

## 仏 肉 牛肉のコートレット バルサミコソース

### 材料（2人分）

牛肉（ステーキ用）：
2枚（250g）
バルサミコ酢：60cc
塩、黒こしょう：各適宜
シナモン：少々

a 卵：1個
薄力粉：大さじ3
パン粉（細かめ）：適宜
芽キャベツ：6個
オリーブ油：適宜
バター：10g

### 作り方

① バルサミコ酢を小鍋に入れて、中火でとろみがつくまで煮詰める。

② 牛肉は冷蔵庫から出して30分程かけて室温に戻し、塩小さじ⅓、黒こしょう、シナモンで下味をつける。よく混ぜ合わせたaをからめ、パン粉をまぶす。芽キャベツは半分に切る。

③ フライパンを熱してオリーブ油大さじ2をひき、②を入れ、芽キャベツには塩を振る。蓋をして、片面を約2分半ずつ、焼き目がついたら返して両面を焼く（途中、オリーブ油が足りなくなったら適宜足す）。芽キャベツは火が通ったら取り出しておく。牛肉は両面が焼けたらバターを加え、しっかりからませる。

④ 器に食べやすく切った③を盛って①を美しくかける。

# 秋の和定食

豚ヒレと秋野菜のしょうが煮／春菊のごま酢和え
揚げカブのお吸い物

TAICHI'S COMMENT

しょうが煮はごま油の風味が最高です！
ごま酢和えの春菊は香りを
食べている感じです。
お吸い物は衣がついたカブがジューシー。
食感もいいですね。

photo by TAICHI

## 和 肉 豚ヒレと秋野菜のしょうが煮

材料（2人分）

| | | a | |
|---|---|---|---|
| 豚ヒレ肉：250g | | | かつおだし：150cc |
| にんじん：⅓本（80g） | | | しょうが |
| ナス：1本 | | | （すりおろし）：2片分 |
| しいたけ：大2個 | | | しょうゆ：大さじ2 |
| 塩：小さじ⅓ | | | みりん、酒：各大さじ1 |
| 黒こしょう、片栗粉：各適宜 | | | 砂糖：小さじ2 |
| ごま油：大さじ1½ | | | |

**SHIMPEI'S POINT**

豚ヒレ肉の両面に焼き目をつけてから
野菜を入れることで、火の通りを均一にできる。

ナスがごま油を吸ってしまうため、
途中でごま油を追加する。

作り方

① にんじんは皮をむき、小さめの乱切りにする。ナスは1.5cm厚さの輪切りにする。しいたけは軸を半分に切り、縦7mm厚さの縦薄切りにする。豚ヒレ肉は1.5cm厚さに切って塩、黒こしょうを振り、片栗粉をまぶす。

② 鍋を熱してごま油大さじ1をひき、豚肉を入れて強火で両面を焼く。豚肉の表面の色が変わったらごま油大さじ½を足し、ナス、にんじん、しいたけの順に加えて炒め、油が回ったらaを加えて蓋をし、たまに混ぜながら中火で5分程煮る。

---

## 和 菜 春菊のごま酢和え

材料（2人分）

| | a | |
|---|---|---|
| 春菊：1束 | | 白すりごま、すし酢、 |
| 塩：少々 | | 麺つゆ（3倍濃縮）： |
| | | 各大さじ1 |

**SHIMPEI'S POINT**

茎と葉の火通りを均一にするため、
茎の部分から先に茹でる。

作り方

① 春菊は根元を切り落とす。塩を加えた熱湯で茎の部分からサッと茹で、水にとって冷まし、水気をしっかり絞る。5cm長さに切る。

② ボウルにaを混ぜ合わせ、①をほぐしながら加えて和える。

---

## 和 汁 揚げカブのお吸い物

材料（2人分）

| | a | |
|---|---|---|
| カブ：2〜3個（150g） | | かつおだし：500cc |
| 片栗粉：適宜 | | 酒、薄口しょうゆ： |
| サラダ油、ごま油：各適宜 | | 各大さじ1 |
| 青ねぎ（小口切り）：適宜 | | みりん：大さじ½ |
| | | 塩：小さじ⅓ |

**SHIMPEI'S POINT**

完全に火を通すとカブの表面に焼き色がついてしまうので、
竹串を通して少しかために感じるくらいまで揚げる。

作り方

① カブは皮をむき、縦4等分または6等分に切って、片栗粉をまぶす。鍋にサラダ油とごま油を2：1の割合で入れて180℃に熱し、カブを入れて強めの中火で揚げる。周りがカリッとして竹串が通るようになったら、油をきって取り出す。

② 鍋にaを合わせて煮立て、①を加えて一煮する。器に盛って青ねぎを散らす。

# デミグラス煮込みハンバーグ　焼きマッシュポテト
# ホッケとエビのクラムチャウダー／トマトとヒラタケのマリネ

昭和の洋食屋さんメニュー
第5弾

**TAICHI'S COMMENT**

ハンバーグは肉汁と
デミグラスソースが合いますね
クラムチャウダーはホッケが
スープと一つになっています。
マリネは酸味とミニトマトの
甘味とのバランスがいいです。

---

洋菜　## トマトとヒラタケのマリネ

### 材料（2人分）

ヒラタケ：1パック
ミニトマト：1パック
にんにく：1片
玉ねぎ：30g
オリーブ油：適宜

a｜ 白ワインビネガー、
　　オリーブ油：各大さじ1
　　塩：小さじ⅓
パセリ（みじん切り）：5g

**SHIMPEI'S POINT**

ヒラタケに火を入れすぎないことで食感が生きる。

### 作り方

① ヒラタケは食べやすくほぐす。ミニトマトは切り込みを入れ、湯むきをして縦半分に切る。にんにく、玉ねぎは縦薄切りにする。

② フライパンを熱してオリーブ油大さじ1をひき、ヒラタケを加えて強火で炒める。オリーブ油が足りなくなったら適宜足す。油が回ったらにんにくを加えて炒める。

③ ボウルにaを混ぜ合わせ、②、ミニトマト、玉ねぎを加えて和える。冷蔵庫で30分漬ける。

④ 器に盛り、パセリを振る。

## 洋 肉 デミグラス煮込みハンバーグ

材料（2人分）

合いびき肉：400g
玉ねぎ：½個（120g）
バター：10g
パン粉：大さじ2
牛乳：大さじ1½
a｜薄力粉：大さじ½
　｜塩、ナツメグ：各小さじ½
　｜黒こしょう：適宜
オリーブ油：小さじ2

【デミグラスマッシュルームソース】
マッシュルーム：3個
デミグラスソース缶：
1缶（290g）
赤ワイン、ケチャップ：
各大さじ1
中濃ソース：大さじ½
インゲン（塩茹でしたもの）：
適宜

作り方

① 玉ねぎはみじん切りにして、バターで飴色になるまで炒め、いったん取り出して冷ます。

② デミグラスマッシュルームソースを作る。マッシュルームは縦5mm厚さに切る。小鍋にデミグラスソース缶、赤ワインを入れて煮立て、ケチャップ、中濃ソースを加えて混ぜ、2～3分煮る。フツフツしてきたらマッシュルームを加えて一煮する。

③ パン粉と牛乳を合わせてなじませる。

④ ボウルに合いびき肉、a、①、③を入れてよく混ぜ合わせる。半分に分けてからキャッチボールをするようにしながらハンバーグ形にまとめる。

⑤ スキレットを熱してオリーブ油小さじ1をひき、④を1個入れて蓋をして中火で2分焼く。返してさらに2分焼く。②のソースを半量加えて蓋をして弱火で2分半煮込む。火を止めてそのまま2分蒸らす。インゲン、焼きマッシュポテトを添える。

⑥ もう1人分も同様に作る。

## 洋 汁 ホッケとエビのクラムチャウダー

材料（2人分）

縞ホッケ：半身
むきエビ：50g
玉ねぎ：50g
にんにく：1片
バター：5g
白ワイン：大さじ1
a｜生クリーム、牛乳：
　｜各200cc
　｜ローリエ：1枚
　｜ローズマリー：1本
コンソメ（顆粒）：小さじ½
塩：小さじ½
黒こしょう：適宜
b｜片栗粉、水：各大さじ½

作り方

① 縞ホッケはグリルで焼き、皮、骨、えんがわを取り除いて身をほぐす。

② むきエビは洗って水気を拭き、背ワタがあれば取り除いて4等分に切ってから木べらで軽く潰す。玉ねぎ、にんにくはみじん切りにする。

③ 鍋を熱してバターを溶かし、にんにくを炒める。香りが出てきたらエビ、ホッケを加えてほぐしながら炒める。エビの色がほぼ変わったら白ワインを加えて炒め、アルコールが飛んだらaを加える。沸いてきたらコンソメを加えて、たまに混ぜながら弱めの中火で5分煮る。

④ 玉ねぎを加えて一煮し、塩、黒こしょうで味をととのえる。よく混ぜ合わせたbを加えてとろみがつくまで煮詰める。

SHIMPEI'S POINT

ホッケには塩分があるので、調味する時は
塩辛くならないように全体の塩加減を調節する。

## 洋 菜 焼きマッシュポテト

材料（2人分）

じゃがいも：1個（220g）／バター：5g／塩：小さじ¼
生クリーム：大さじ2

作り方

❶ じゃがいもは皮をむいて4等分に切って鍋に入れ、かぶるくらいの水を入れて20分茹でる。竹串がスッと通ったら茹で汁を捨て、再び強火にかけて水分を飛ばす。

❷ ボウルに入れてマッシャー等で潰し、バター、塩、生クリームを加えてよく混ぜ合わせる。

❸ 粗熱が取れたら6等分にして、厚さ1.5cmくらいに丸くまとめる。フライパンに油をひかず、強火で焼く。両面に焼き目がついたら取り出す。

❹ デミグラス煮込みハンバーグに添える。

# カツオのカルパッチョ　オニオンソース
# カキのグラタン／イカのフリット

TAICHI'S COMMENT

カルパッチョは玉ねぎの風味がいいですね。
グラタンはカキの濃厚さに
クリームソースが合います。
フリットはオリーブ油で
油っぽくならず、軽さを感じます。

photo by TAICHI

---

**伊肴 カツオのカルパッチョ　オニオンソース** 白ワインによく合う!

材料（2〜3人分）

カツオ：1さく
玉ねぎ：½個
a ┌ しょうゆ：大さじ1½
　│ みりん、レモン汁：
　└ 各大さじ½

オリーブ油、黒こしょう：
各適宜
レモン（くし形切り）：適宜

作り方

① 玉ねぎはすりおろして軽く絞ってから、aを加えて混ぜ合わせる。

② カツオは水気を拭いてそぎ切りにし、器に並べて①をのせる。オリーブ油を回しかけて、黒こしょうを振る。レモンを添える。

## 洋肴 カキのグラタン 白ワインによく合う！ ハイボールによく合う！

**材料（2人分）**

カキ（殻つき生食用）：4個
バター：10g
ピザ用チーズ：適宜

【ホワイトソース】
玉ねぎ：¼個（60g）
ベーコン：30g
バター：5g
薄力粉：大さじ1
生クリーム：200cc
塩：小さじ⅓
黒こしょう：適宜

**SHIMPEI'S POINT**

*1 カキの身と殻の配置を元通りに戻すことで、
見栄え良く仕上げることができる。

*2 カキの身にあらかじめ火を通しておくことで
オーブントースターで焼いた時に全てを美味しい状態に
することができる。

**作り方**

① ホワイトソースを作る。玉ねぎ、ベーコンはみじん切りにする。

② 小鍋を熱してバターを溶かし、玉ねぎを中火で炒める。透き通ってきたら薄力粉を加えて炒め、粉っぽさが無くなったら生クリームとベーコンを加えて混ぜながら中火で5～6分煮詰める。とろみがついたら味をみながら塩、黒こしょうでととのえる。

③ カキは殻を開けて身を取り出し、流水で洗って水気を拭く。殻も洗って水気を拭く。身と殻をそれぞれ元に戻せるように覚えておく。フライパンを熱してバターを溶かし、カキを入れて強めの中火でソテーする。

④ 殻にカキを戻して②のソースをかけ、ピザ用チーズを散らす。オーブントースターで5分程焼く。

---

## 亜肴 イカのフリット シャンパンによく合う！

**材料（2人分）**

冷凍イカ（解凍済み）：130g

【エスニックだれ】
香菜：小½株
スイートチリソース：
大さじ2
にんにく、しょうが
（各すりおろし）：各½片分
ナンプラー、オイスター
ソース、レモン汁：各小さじ1

塩：小さじ¼
黒こしょう：適宜

a｜ 薄力粉：大さじ5½
片栗粉：大さじ2
ベーキングパウダー：
小さじ½
オリーブ油：小さじ1
水：70cc

オリーブ油：適宜
レモン（くし形切り）、香菜：
各適宜

**SHIMPEI'S POINT**

衣にベーキングパウダーを加えることで、
ふわふわでサクサクした食感に仕上がる。

**作り方**

① エスニックだれを作る。香菜は細かく刻んでボウルに入れ、その他の材料を加えて混ぜ合わせる。

② イカは水気を拭き、大きければ食べやすい大きさに切って塩、黒こしょうを振る。

③ ボウルにaを混ぜ合わせる。

④ オリーブ油を揚げ鍋に入れて180℃に熱する。②を③にくぐらせて衣をつけ、揚げ鍋に入れて中火で揚げる。衣がカリッとかたまってきつね色になってきたら油をきって取り出す。

⑤ 器に④を盛り、好みで香菜、レモンを添える。①のエスニックだれにつけて食べる。

# 明石焼き
# カリカリ玉ねぎと鯛のリゾット

**TAICHI'S COMMENT**

明石焼きは外側が程良いかたさで、
トロッとした中身を包み込んでいる感じ。
リゾットは焦がした玉ねぎが
アクセントになっています。
お米も少し芯を感じるのがいい!

第11弾
兵庫県編

47都道府県ご当地ごはん

photo by TAICHI

## 和 粉 明石焼き

材料（2人分）

うなぎのかば焼き：1尾（100ｇ）／茹でタコ：100ｇ

【生地】

薄力粉：大さじ3／片栗粉：大さじ2／だし汁：100cc

薄口しょうゆ：小さじ2／卵：3個

【つけ汁】

だし汁：600cc／みりん、酒：各大さじ1

塩、薄口しょうゆ：各小さじ1

【つけだれ】

しょうゆ：100cc／砂糖、みりん：各大さじ2

サラダ油：適宜／山椒粉、青ねぎまたは九条ねぎ（小口切り）：各適宜

★明石焼きとは？

卵たっぷりの生地を専用の銅鍋で焼き上げ、だし汁に浸して食べる料理。

作り方

① うなぎのかば焼きは縦4等分し2cm角に切る。茹でタコは1.5cm角に切る。

② 生地を作る。ボウルに薄力粉、片栗粉を合わせてだし汁を少しずつ加えながら泡立て器でよく混ぜる。薄口しょうゆを加えてよく混ぜる。卵は溶いてからボウルに加えて混ぜ、ザルなどでこす。

③ つけ汁を作る。全ての材料を鍋に入れて5〜6分煮立てる。

④ つけだれを作る。全ての材料を鍋に入れて強めの中火で5〜6分煮詰め、氷水につけて冷やす。

⑤ たこ焼き器を熱し、サラダ油をひく。②をたこ焼き器の深さ半分まで注ぎ、①のうなぎまたはタコを加え、さらに深さいっぱいまで②を注いで強火で加熱する。周りがかたまってきたら竹串でクルッと回転させながら全体を焼く。

⑥ つけだれには山椒粉、つけ汁には青ねぎ（または九条ねぎ）を加え、⑤を浸しながら食べる。

## SHIMPEI'S POINT

**タネと卵液を別々に下ごしらえし、
最後に混ぜ合わせることで明石焼き特有の食感になる。**

## 伊 飯 カリカリ玉ねぎと鯛のリゾット

材料（2人分）

鯛：1尾／水：1200cc／玉ねぎ：1個（200ｇ）

にんにく：1片／米（洗って水気をきったもの）：1合

a〔酒：大さじ2／だし昆布：7ｇ

オリーブ油：適宜／バター：5ｇ／生クリーム：50cc

パルミジャーノ：8ｇ／揚げ油：適宜

塩、黒こしょう、片栗粉、パセリ（みじん切り）：各適宜

作り方

① 鯛はうろこを取って頭を切り落とす。腹に切り込みを入れて内臓を取ってよく洗う。3枚におろす。腹骨、中骨はそぎ切る。鯛の身は氷水につけて冷やし、水気を拭く。

② 骨と頭に塩適宜を振ってグリルでこんがりと焼く。鍋に水を入れて沸かし、骨と頭、aを加え、沸いてきたら弱火にして蓋をして40分煮る。ザル等でこす。

③ リゾットに入れる玉ねぎ½個はみじん切りにし、フライドオニオン用の玉ねぎ½個は縦薄切りにしてから長さを半分に切る。にんにくはみじん切りにする。

④ フライドオニオンを作る。薄切りにした玉ねぎに片栗粉をまぶし、揚げ油でカリッと揚げる。揚げ上がったらほぐしておく。

⑤ 鯛の身は半身を使う。半分に切ってから皮目に数本切り込みを入れる。塩小さじ⅓、黒こしょうを振り、片栗粉をまぶす。フライパンを熱してオリーブ油大さじ2をひき、鯛を皮を下にして入れて強めの中火で焼く。焼き目がついたら返して弱めの中火で焼き、バターを加える。いったん取り出す。

⑥ フライパンを熱してオリーブ油大さじ1をひき、にんにく、みじん切りの玉ねぎを中火で炒める。透き通ってきたら米を加えて炒める。米が透き通ってきたら火を止めて②のだし汁200ccを入れ、再び強火にかける。沸いてきたら弱めの中火で煮る。汁気が無くなってきたら、②を100cc加える。再び汁気が無くなってきたら100ccずつ加えて煮る。米に少し芯が残るくらいまで煮る。

⑦ 生クリーム、塩小さじ½を加えて一煮し、すりおろしたパルミジャーノを加えて混ぜ合わせる。

⑧ 器に⑦を盛って④、⑤をのせ、パセリ、黒こしょうを振る。

## SHIMPEI'S POINT

**だし汁が一気に蒸発するのを防ぐため、米が透き通ってきたら火を止めて一瞬温度を下げる。**

# 牛肉とほうれん草の焼きチーズカレー
# じゃがいものポタージュ

TAICHI'S COMMENT
焼きチーズカレーは里芋が入らないと
成立しないカレーですね！
ねっとりした食感が新しい。
ポタージュはシンプルだからこそ、
素材の味をしっかり感じられます。

photo by TAICHI

## 洋飯 牛肉とほうれん草の焼きチーズカレー

### 材料（2人分）

**【カレーソース】**

牛切り落とし肉：250g

塩：小さじ⅓

黒こしょう：適宜

ほうれん草：60g

にんにく：1片

オリーブ油：大さじ½

白ワイン：大さじ1

水：600cc

ローリエ：1枚

カレールウ（2種類）：90g

カレー粉：大さじ½

中濃ソース：大さじ1

**【里芋のピューレ】**

里芋：5個（250g）

a ┌ 生クリーム、牛乳：
　　　各50cc
　├ コンソメ（顆粒）：
　　　小さじ½
　├ 塩：小さじ⅓
　└ 黒こしょう：適宜

温かいごはん：400g

ピザ用チーズ：50g

パセリ（みじん切り）：適宜

**★焼きカレーとは？**

昭和30年頃に北九州市などでカレーをグラタン風に提供したのが発祥とされる（諸説あり）。カレーソースの上にチーズをかけ、卵をのせてオーブンで調理するのが一般的。

### 作り方

① カレーソースを作る。牛切り落とし肉は細かめに刻む。塩、黒こしょうを振る。ほうれん草は根元を落として3cm長さに切り、にんにくはみじん切りにする。

② フライパンを熱してオリーブ油をひき、にんにくを中火で炒める。香りが出てきたら牛肉を加えて炒める。火が通ったら白ワインを加えてザッと炒め、水、ローリエを加えてアクを取りながら強火で煮る。沸いてきたらカレールウを加えて中火で煮詰め、ルウが溶けたらカレー粉を加える。とろみがついたら中濃ソースを加えて一煮する。ルウとカレー粉が完全に混ざり合ったら、ほうれん草を加えて混ぜる。ほうれん草がくたっとしたら火を止める。

③ 里芋のピューレを作る。里芋は皮つきのまま1個ずつラップで包み、600Wの電子レンジで3〜4分加熱する。竹串がスッと通ったら下の部分を切り落として皮をむき、鍋に移してマッシャー等で潰す。aを加えて中火にかけ、混ぜながら加熱する。なめらかになったら火を止める。

④ 耐熱皿にごはんを盛ってカレーソースをかけ、里芋のピューレ、ピザ用チーズを順にかける。オーブンでチーズに焼き目がつくまでこんがりと焼く。パセリを振る。

---

## 洋汁 じゃがいものポタージュ

### 材料（2人分）

じゃがいも：2個（350g）

a ┌ 牛乳：200cc
　└ 生クリーム：150cc

塩：小さじ1

黒こしょう：適宜

パン粉、オリーブ油：
各大さじ1

### SHIMPEI'S POINT

※1 じゃがいもは水からゆっくり煮ることで甘みが強くなる。

※2 焼いたパン粉をポタージュに加えることで深みのある味に仕上がる。

### 作り方

① じゃがいもは皮をむいて8等分に切り、鍋に入れてかぶるくらいの水を加えて強火にかけ、沸いたら中弱火で20分程茹でる。竹串がスッと通ったら水気をきって、再び中火にかけて水分を飛ばす。火を止めてマッシャー等で潰す。

② aを加えて混ぜ、中火にかける。フツフツと沸いてきたら塩、黒こしょうで味をととのえる。

③ フライパンにパン粉、オリーブ油を入れて中火にかけ、3分程炒める。カリカリのきつね色になったら火を止める。

④ 器に②を盛って③をかけ、黒こしょうを振る。

# このキムチ、納豆くいかない（納豆キムチの油揚げ挟み焼き）
# やっぱ卵焼きでショウガ！
# アラビアータ

**GUEST** 井ノ原快彦（V6）

**TAICHI'S COMMENT**

挟み焼きは中身の
発酵食品の相性がいいです。
卵焼きは紅しょうががお酒と合う！
アラビアータはソースを2種って
最後に合わせることで、
味に一体感が出ますね。

photo by TAICHI

---

和肴 ## このキムチ、納豆くいかない（納豆キムチの油揚げ挟み焼き）

**材料（作りやすい分量）**

| | |
|---|---|
| 油揚げ：2枚 | ピザ用チーズ：20g |
| キムチ：40g | ごま油：大さじ½ |
| 長ねぎ：7cm | 大根おろし：適宜 |
| 納豆：1パック（100g） | しょうゆ：少々 |

**INOCCHI'S POINT**

*1 キムチは刻むと、他の食材とのなじみが良くなる。

*2 焦げ目がつかないように弱火でじっくり焼く。

**作り方**

① 油揚げは半分に切って袋状に開ける。

② キムチは刻んで、長ねぎはみじん切りにしてボウルに入れ、納豆、ピザ用チーズ、ごま油を加えて和える。4等分して①に詰める。

③ フライパンに油をひかずに②を並べ、弱火で両面に焼き目がつくように返しながらじっくり焼く。半分に切って器に盛り、大根おろしをのせてしょうゆをかける。

## 和 卵 やっぱ卵焼きでショウガ！

### 材料（作りやすい分量）

| | |
|---|---|
| 紅しょうが：30g | a 卵：4個 |
| 太白ごま油：適宜 | かつおだし：大さじ2 |
| | 太白ごま油、みりん：各小さじ1 |
| | 砂糖：小さじ½ |
| | 塩：少々 |

### 作り方

① 紅しょうがは刻む。ボウルにaを混ぜ、紅しょうがを加えてよく混ぜ合わせる。

② 卵焼き器を熱して太白ごま油小さじ1をひく。①の少量を流し入れ薄くのばす。フライ返しや菜箸を使って奥側から手前にパタンパタンと折る。

③ ②を奥側にずらし、手前の空いたところに残った①の¼量を流し入れ、②を持ち上げて②の下にも行きわたるようにする。卵液の表面が乾き始めたら②を軸にしてパタンパタンと巻いていく。途中で太白ごま油少々を足しながら、同様に繰り返して焼く。仕上げに全体を四角く焼きかためる。

④ まな板に取り出し、食べやすい大きさに切って器に盛る。

---

## 伊 麺 アラビアータ

### 材料（2人分）

| | |
|---|---|
| フェデリーニ：150g | 白ワイン：大さじ1 |
| にんにく：3片 | 赤唐辛子：2本 |
| 玉ねぎ：30g | オリーブ油、塩、パセリ（みじん切り）：各適宜 |
| トマト缶（ダイスカット）：1缶（400g） | |

### SHIMPEI'S POINT

*1 トマトソースができる少し前に玉ねぎを加えることで、複雑な味わいになる。

*2 トマトソースとガーリックオイルを分けて作り、最後に合わせることでにんにくの風味が強くなる。

### 作り方

① にんにくは横薄切りにする。玉ねぎはみじん切りにする。

② フライパンを熱してオリーブ油大さじ3をひき、にんにくを入れて弱火で加熱する。カリカリの薄いきつね色になるまで揚げ焼きにする。

③ 別のフライパンにオリーブ油大さじ1を熱してトマト缶、白ワイン、ちぎった赤唐辛子を種ごと加え、蓋をしてたまに混ぜながら強めの中火で5分煮詰める。⅔量になるくらいまで煮詰めたら玉ねぎを加えて一煮し、塩小さじ⅔、②を油ごと加えて混ぜる。

④ 鍋に湯を沸かして塩、オリーブ油各適宜を入れて混ぜ、フェデリーニを加えて袋の表示時間より1分短く茹でる。

⑤ 茹で汁をきった④を③に加えてザッと和える。器に高さをつけながら盛って、パセリを振る。

# みそ漬け豚バラのチャーハン
# みそ担々餃子

## TAICHI'S COMMENT

チャーハンはシンプルな味ですが、
お肉を食べると
みそベースに変化します。
担々餃子は辛さが皮の中に
入っているのが新しい！

## 中 飯 みそ漬け豚バラのチャーハン

材料（2人分）

豚バラかたまり肉：250ｇ

a
├ みそ：大さじ2
├ みりん、酒：各大さじ1
├ 砂糖：小さじ2
└ 豆板醤：小さじ1

にんにく、しょうが：各1片
青ねぎ：40ｇ
卵：2個
ごま油：大さじ1
温かいごはん
（かために炊く）：440ｇ
塩：小さじ½
黒こしょう：適宜

SHIMPEI'S POINT

グリルの直火で焼き目をつけることで、
香ばしさが足されて美味しく仕上がる。

作り方

① 豚バラかたまり肉は1cm厚さに切って、よく混ぜ合わせたaをからめる。ラップをかけ、2時間以上冷蔵庫で漬ける。キッチンペーパーでみそを拭き取り、中火のグリルでこんがりと焼き、1cm角に切る。

② にんにく、しょうがはみじん切りにする。青ねぎは小口切りにする。卵は溶く。

③ フライパンを熱してごま油をひき、にんにく、しょうがを中火で炒める。香りが出てきたら卵を流し入れて、すぐにごはんを加えてフライパンに押しつけるように焼いていく。ごはんのかたまりを切るようにしながらよく炒める。

④ ごはんがパラッとしてきたら①、塩、黒こしょうを加えて炒め合わせる。全体になじんだら、青ねぎを加えてザッと混ぜ合わせ、器に盛る。

## 中 肉 みそ担々餃子

材料（2〜3人分）

豚ひき肉：200ｇ
ニラ：½束
しいたけ：3個
餃子の皮（大判）：約30枚
水、サラダ油、ごま油：
各適宜

a
├ にんにく、しょうが
│ （すりおろし）：各1片分
├ すし酢、酒：各大さじ2
├ 赤みそ、白すりごま、
│ 白練りごま、みりん：
│ 各大さじ1
├ しょうゆ、オイスター
│ ソース：各大さじ½
└ 豆板醤、片栗粉：
　 各小さじ1

SHIMPEI'S POINT

大判の餃子の皮で具材を包むことで、
肉汁たっぷりのジューシーな仕上がりになる。

作り方

① ニラ、軸を取ったしいたけはみじん切りにする。

② ボウルに①、豚ひき肉、aを入れてよく混ぜ合わせる。

③ 餃子の皮の縁にぐるりと水をつけ、真ん中に②をのせて包むように半分に折り、ひだを寄せながらピッチリ閉じる。

④ 熱したフライパンにサラダ油小さじ2をひき、③を6個並べて強火にかける。チリチリ音がしてきたら水を50cc加えて蓋をして中火で蒸し焼きにする。水分が無くなって裏にしっかり焼き目がついたら、ごま油少々をかけて焼き目を上にして皿に取り出す。残りも同様に焼く。

# 豚スペアリブと肉団子のちゃんこ鍋
### シメのちゃんこラーメン／**みそだれチキンカツ**

TAICHI'S COMMENT

ちゃんこ鍋はだしが
あっさりしていて美味しい！
スペアリブはやさしい味です。
肉団子はしょうがが効いています。
チキンカツはパンチのあるたれが合いますね。

photo by TAICHI

## 和 鍋 豚スペアリブと肉団子のちゃんこ鍋

シメまで美味しい！

### 材料（4人分）

豚スペアリブ：大4本

a 水：1600cc
　酒：50cc
　にんにく：6～7片

白菜：250g
カブ：3個
わけぎ：1束
舞茸：1パック（100g）
塩、黒こしょう：各適宜
ゆずこしょう：適宜

【肉団子】
豚ひき肉：250g
しいたけ：2～3個（50g）
しょうが（すりおろし）：
1片分
薄力粉：大さじ½
卵：1個
塩：小さじ¼
黒こしょう：適宜

**SHIMPEI'S POINT**

火加減と鍋の蓋を調整し、
水分をなるべく逃さないように煮込む。

だしが決まってから塩を加えることで、
煮詰まって味が濃くなるのを防ぐ。

### 作り方

① 鍋に豚スペアリブ、aを入れて強火にかけ、沸いてきたらアクを取り、少しずらして蓋をして弱火で40分煮る。

② 白菜は3cm幅のざく切りにする。カブは茎を少し残して皮をむき、縦4等分に切る。わけぎは5cm長さに切る。舞茸はほぐす。

③ 肉団子を作る。しいたけはみじん切りにしてボウルに入れ、その他の材料を加えてよく混ぜ合わせる。

④ ①の鍋にカブを加え、③を直径5cmくらいの団子状にまとめて加えていく。白菜も加えて煮る。

⑤ 塩小さじ1を加えて混ぜ、味をみて薄ければ塩適宜を加えてととのえる。わけぎ、舞茸を加えて蓋をして一煮する。少ししんなりしたら黒こしょうを振る。器に盛り、好みでスペアリブにゆずこしょうをつけて食べる。

---

## 和 シメのちゃんこラーメン

### 材料

中華麺：1玉／ちゃんこ鍋のだし：適宜／塩、オリーブ油：各適宜

### 作り方

❶ 鍋の水分が足りなければ水（分量外）を加えて火にかけ、沸いてきたら中華麺を加えて煮る。汁気が無くなったら味をみて薄ければ塩でととのえる。オリーブ油を回しかけて食べる。

---

## 和 肉 みそだれチキンカツ

### 材料（4人分）

鶏むね肉：大1枚（300g）
塩：小さじ½
黒こしょう：適宜

a 薄力粉：大さじ3
　卵：1個

生パン粉、揚げ油：各適宜
キャベツ（千切り）、和辛子：
各適宜

【みそだれ】
赤みそ：大さじ2
酒、みりん、砂糖、しょうゆ：
各大さじ1

### 作り方

① みそだれを作る。材料を小鍋に入れて強火にかけ、もったりするまで煮詰める。

② 鶏むね肉は皮を取り除き、厚みを半分に切って塩、黒こしょうを振る。aを混ぜ合わせて鶏肉をからめ、生パン粉を押さえながらまぶす。

③ 揚げ油を180℃に熱し、②を入れて中火で揚げる。衣がかたまってきたらたまに返しながら揚げる。食べやすく切って器に盛り、①をかける。キャベツ、和辛子を添える。

# 長芋の磯辺焼き／れんこんと豚トロの炒め物
# にんじんのコンフィ

**TAICHI'S COMMENT**

磯辺焼きは長芋のトロッと
サクッとしている感じがいいですね。
れんこんは乱切りにしているので
いろいろな食感、味の染み方が楽しめます。
コンフィは上品な甘さです。

photo by TAICHI

## 和 菜 長芋の磯辺焼き 日本酒によく合う!

材料（2人分）

| | |
|---|---|
| 長芋：6 cm | a しょうゆ：大さじ1 |
| 焼き海苔：大1枚 | 砂糖：小さじ1 |
| ごま油、青海苔：各適宜 | みりん：小さじ1 |

作り方

① 長芋は皮をむいて1cm厚さの輪切りにする。焼き海苔は軽くあぶり、長芋を巻きやすい大きさに切る。

② aを混ぜ合わせる。

③ グリルに長芋を並べて表面に薄くごま油を塗る。中火で3〜4分焼く。少し焼き目がついたら②を塗って、さらに2分焼く。

④ 器に盛って、青海苔を振り、焼き海苔を添える。焼き海苔で巻いて食べる。

SHIMPEI'S POINT

グリルで焼くことで、直火の焼き目がついて美味しくなる。

## 和 菜 れんこんと豚トロの炒め物

材料（2〜3人分）

| | |
|---|---|
| れんこん：350 g | a 薄口しょうゆ：<br>大さじ2½ |
| 豚トロ（焼き肉用）：200 g | みりん：大さじ1½ |
| 塩：小さじ¼ | 酒：大さじ1 |
| ごま油：大さじ1 | |
| 赤唐辛子：2本 | |
| 白炒りごま：適宜 | |

作り方

① れんこんは皮をむき一口大の乱切りにして、しっかり洗ってから15〜20分水にさらす。豚トロは塩を振る。aを混ぜ合わせる。

② フライパンを熱してごま油をひき、豚トロを並べて強火で焼く。少し焼き目がついたら、水気をきったれんこんを加えて強めの中火で炒める。

③ れんこんが少し透き通ってきたら、半分に折って種を取った赤唐辛子を加えて炒める。れんこんにほぼ火が通ったらaを加え、汁気が少なくなってとろみがつくまで炒め合わせる。

④ 器に盛って白炒りごまを振る。

SHIMPEI'S POINT

れんこんの断面を見て、半分透明に変化していたら
火通りの合図。

## 仏 菜 にんじんのコンフィ

材料（2人分）

| | |
|---|---|
| にんじん：1本（約250 g） | 【アンチョビソース】 |
| オリーブ油：250cc | アンチョビ：3枚 |
| ローズマリー：1本 | パセリ：1枝 |
| | 玉ねぎ：¼個 |
| | オリーブ油：大さじ1 |
| | 白ワインビネガー：小さじ2 |

SHIMPEI'S POINT

にんじんからはあまり水分が出ないので、
にんじんを加熱したオリーブ油は再利用できる。

作り方

① にんじんは皮をむいて縦半分に切り、耐熱容器に入れ、オリーブ油、ローズマリーを加える。110℃のオーブンで80分焼く。

② アンチョビソースを作る。アンチョビ、パセリ、玉ねぎはみじん切りにし、ボウルに入れる。オリーブ油、白ワインビネガーと混ぜ合わせる。

③ ①を器に盛って、②を添える。

# DANSHI GOHAN 13

# WINTER

男子ごはんの冬。

## 3種のハーブバター／チキンソテーハーブバターのせ
## 生マッシュルームのバターパスタ／バターポークカツ

男のロマン
シリーズ！

第24弾
「バター」

ハーブバターはハーブの香りと
バターの塩気のバランスがいい！
チキンと一緒に食べると
コクが加わりますね。
パスタはシンプルだけど美味しい。
ポークカツはバターの香りが良いです。

photo by TAICHI

## 3種のハーブバター

**材料(作りやすい分量)**
バター：150g／パセリ：2枝／バジル：1パック(15g)
ディル：1パック(15g)／にんにく：1片

★ハーブバターは冷凍しておけば1カ月程度の保存が可能。

**作り方**

❶ パセリ、バジル、ディル、にんにくはみじん切りにしてボウルに入れ、
室温でやわらかくしたバターを加えてよく練り混ぜる。

❷ ラップを2枚重ねて広げて❶をのせる。直径3〜4cmくらいの筒状に
成形する。両端を輪ゴムで留めて冷凍庫で保存する。

## 洋 肉 チキンソテーハーブバターのせ

材料（1人分）

3種のハーブバター：1cm厚さにカットしたもの
鶏もも肉：1枚
塩：小さじ⅓
黒こしょう：適宜
オリーブ油：小さじ1

作り方

① 鶏もも肉は切り込みを入れて塩、黒こしょうを振る。フライパンを熱してオリーブ油をひき、鶏肉の皮を下にして入れて蓋をして強めの中火で焼く。焼き目がついたら返して両面を焼く。

② 器に盛って3種のハーブバターをのせ、からめながら食べる。

## 伊 麺 生マッシュルームのバターパスタ

材料（2人分）

| | |
|---|---|
| リングイネ：150g | バター：50g |
| マッシュルーム：3個 | 塩、オリーブ油、黒こしょう：各適宜 |

作り方

① 鍋に湯を沸かして塩、オリーブ油各適宜を入れ、リングイネを加えて袋の表示時間より1分短く茹でる。

② マッシュルームは縦薄切りにする。

③ フライパンにバターを入れて溶かし、塩小さじ½を加えて混ぜる。①が茹で上がったら水気をきり、フライパンに加えて手早く和える。

④ 器に③を盛って②をのせ、黒こしょうを振る。

## 洋 肉 バターポークカツ

材料（2〜3人分）

| | |
|---|---|
| 豚リブロース肉：2枚 | パン粉（細かめ）：適宜 |
| バター：100g | にんにく：1片 |
| a 卵：1個 | 塩、黒こしょう：各適宜 |
| 薄力粉：大さじ3 | チャービル：適宜 |

作り方

① 豚リブロース肉は筋切りをして、塩小さじ⅔、黒こしょうを振る。バットにaを混ぜ合わせ、豚肉を両面からめ、パン粉をしっかりとまぶす。

② にんにくは横薄切りにする。

③ フライパンにバターを加え強火で溶かす。溶けてきたら焦げないように中弱火にする。①を入れて、たまに上からバターをかけながらじっくりと揚げ焼きにする。衣がかたまって少し揚げ色がついたら返し、空いているところににんにくを加える。

④ 両面がきつね色になるまで揚げ焼きにしたら食べやすく切って器に盛り、にんにくをのせ、塩（好みで岩塩）、チャービルを添える。

SHIMPEI'S POINT

**バターは焦げやすいので、溶けてきたら中弱火にする。**

# 冬の和定食

揚げ出しタラのゆず風味煮込み／冬瓜のさっぱりお椀
みそダラ／おかひじきのおひたし

TAICHI'S COMMENT

寒い冬にピッタリ！
どのおかずもごはんとの相性が抜群。
いろいろなジャンルの味を楽しめる、
すごく豪華な和定食です！

photo by TAICHI

---

[ 和 菜 ] **おかひじきのおひたし**

**材料（2人分）**

おかひじき：1パック（80ｇ）　かつお節（ソフトパック）：
塩：少々　　　　　　　　　　　⅓パック
　　　　　　　　　　　　　　　しょうゆ：小さじ1

**作り方**

① おかひじきは塩を加えた熱湯でサッと茹で、冷水に
とって冷まし、水気を絞って2cm長さに切る。

② ボウルに①、かつお節、しょうゆを加えて和える。

## 和 魚 揚げ出しタラのゆず風味煮込み

材料（2人分）

タラ：2切れ（300g）
塩：小さじ½
片栗粉：適宜
大根：3cm
しいたけ：2個
ごま油：大さじ2

a｜だし汁（かつお、昆布）：150cc
しょうゆ：大さじ2
酒、みりん：各大さじ1
砂糖：大さじ½

ゆず：½個

作り方

① タラは半分に切って塩を振り、片栗粉をまぶす。大根はすりおろす。しいたけは軸を取り半分に切る。aを混ぜ合わせる。

② フライパンにごま油を熱し、タラを皮目を下にして入れて強めの中火で揚げ焼きにする。皮目がカリッとしてきたら返し、空いているところにしいたけを加えて揚げ焼きにする。

③ タラの両面がカリッとしたらaを加えて一煮する。大根おろしを加えて混ぜる。火を止めてゆずの搾り汁大さじ½を加えて混ぜる。

④ 器に盛って煮汁をかけ、ゆずの皮を削りながら散らす。

SHIMPEI'S POINT

大根おろしに煮汁が染み込み、タラと一緒に食べると美味しくなる。

---

## 和 汁 冬瓜のさっぱりお椀

材料（2人分）

冬瓜：450g

a｜だし汁（かつお、昆布）：400cc
酒：大さじ1
みりん：大さじ½
塩：小さじ⅔

b｜片栗粉、水：各大さじ1
すし酢：大さじ1½
塩、姫三つ葉：各適宜

作り方

① 冬瓜は縦半分に切ってから種を取り除き、皮をそぐ。大きめの一口大に切る。鍋に入れてかぶるくらいの水を加えて強火にかける。沸いてきたら弱めの中火で竹串がスッと通るまで10分程茹でる。ザルにあげて水気をきる。

② 鍋にaを合わせて煮立て、①を加えて一煮する。よく混ぜたbを加えてとろみがつくまで煮詰める。火を止めてすし酢を加える。味をみて塩でととのえる。

③ 器に盛って刻んだ姫三つ葉をのせる。

SHIMPEI'S POINT

すし酢の甘さと酸味で味にメリハリがつく。

---

## 和 魚 みそダラ

材料（2人分）

タラ：1切れ（150g）
しょうが：1片

a｜みそ：大さじ2
酒、みりん：各大さじ1
しょうゆ：小さじ1

ごま油：大さじ½
白すりごま：大さじ1
青ねぎ（小口切り）：適宜

作り方

① タラは水気を拭く。しょうがはみじん切りにする。aを混ぜ合わせる。

② フライパンを熱してごま油をひき、タラを入れて中火で加熱する。半分くらい火が通ってきたらほぐしながらよく炒める。途中でしょうがを加えて炒める。

③ パラッとしてきたらaを加えて汁気が無くなるまでよく炒める。白すりごまを加えて混ぜる。

④ ボウルに移して粗熱を取る。青ねぎと一緒にごはんにかけて食べる。

# 焼き和そばのカレーつけめん／みそモツ焼きうどん
# 青唐辛子としょうがの旨辛中華麺

TAICHI'S COMMENT

つけめんはそばを焼くことで
しっかりそばを感じられます。
玉ねぎも大事！
焼きうどんはいろいろな食感が楽しめます。
中華麺は辛いけど美味しい！
簡単なのもいいですね。

photo by TAICHI

## 中 麺 　青唐辛子としょうがの旨辛中華麺

材料（2人分）

中華麺（縮れ麺）：2玉
青唐辛子：3〜5本
a　水：800cc
　　鶏がらスープの素
　　（半練り）：大さじ1
しょうゆ：大さじ3
オイスターソース：大さじ1

b　片栗粉、水：各大さじ2
すし酢：大さじ3
ごま油：大さじ1
青じそ：2枚
しょうが（すりおろし）：
1片分

作り方

① 青唐辛子は斜め薄切りにする。鍋にa、青唐辛子3本分を入れて煮立てる。味をみて辛味が足りなかったら青唐辛子適宜を追加する。しょうゆ、オイスターソースを加えて混ぜる。よく混ぜたbを加えてとろみをつけ、すし酢、ごま油を加えて混ぜる。

② 中華麺は袋の表示時間通りに茹で、茹で汁をよくきって器に盛り、①をかけ、青じそ、しょうがをのせる。

## 和 麺 焼き和そばのカレーつけめん

材料（2人分）

| | |
|---|---|
| そば（乾麺）：180ｇ | b しょうゆ：大さじ3½ |
| 豚ひき肉：100ｇ | みりん：大さじ2 |
| ナス：1本 | 酒：大さじ1 |
| しいたけ：大1個 | 砂糖：大さじ½ |
| にんにく、しょうが：各1片 | c 水、片栗粉：各大さじ1 |
| サラダ油：大さじ1½ | カレー粉：大さじ1 |
| a かつおだし：600cc | ごま油：大さじ1 |
| 鶏がらスープの素 | 玉ねぎ（みじん切り）： |
| （半練り）：大さじ1 | 大さじ3～4 |
| | 七味唐辛子：適宜 |

作り方

① ナスは3cm幅のイチョウ切りにする。しいたけは軸を落として縦薄切りにし、にんにく、しょうがはみじん切りにする。

② フライパンを熱してサラダ油をひき、豚ひき肉をほぐしながら強火で炒める。豚肉の脂が出てきたらナスを入れて炒める。肉の色が変わったらしいたけ、にんにく、しょうがを加えて炒める。

③ しいたけがしんなりしたらaを加える。ナスに火が通ったらbを加えて一煮する。よく混ぜ合わせたcを加えてとろみがつくまで煮る。カレー粉を加えて混ぜる。

④ そばは袋の表示時間通りに茹で、流水でよく洗って水気をしっかり絞る。フライパンを熱してごま油をひき、そばを広げて焼きつけるように加熱する。少しカリッとしてきたら器に盛り、玉ねぎをのせ、七味唐辛子を振る。

⑤ 器に③を盛り、④をつけながら食べる。

SHIMPEI'S POINT

そばにしっかり焼き目をつけることで、
香ばしい香りと食感を楽しめる。

---

## 和 麺 みそモツ焼きうどん

材料（2人分）

| | |
|---|---|
| 茹でうどん：2玉 | a にんにく、しょうが |
| 豚モツ：200ｇ | （すりおろし）：各1片分 |
| にんにくの芽：1束（100ｇ） | みそ：大さじ3 |
| ラード：20ｇ | みりん、酒、水、 |
| もやし：1袋（250ｇ） | しょうゆ：各大さじ1 |
| 塩：小さじ⅓ | 砂糖：大さじ½ |
| 黒こしょう：適宜 | 豆板醤：小さじ½ |
| ごま油：大さじ1 | |

作り方

① にんにくの芽は5cm長さに切る。aを混ぜ合わせる。茹でうどんはサッと湯通ししてザルにあげて水気をきる。

② フライパンを熱してラードを溶かし、にんにくの芽を加えて強火で炒める。油が回ったらもやしを加えて塩、黒こしょうを振って炒める。

③ 別のフライパンを熱してごま油をひき、豚モツを入れて強火で炒める。少し焼き目がついたらうどんを加えてザッと炒め、油が回ったらaを加えて炒め合わせる。

④ 器に③を盛って②をのせる。

SHIMPEI'S POINT

野菜を他の食材と別のフライパンで炒めることで、
シャキシャキ食感に仕上がる。

# 新春90分スペシャル

ねぎシャモ鍋／シメのシャモ南蛮そば／カニ玉／ラムのグリル／連子鯛の酢じめ
ヒメの天ぷら／甘鯛の松笠焼き／チーズポテト
トリュフ卵かけごはん／我慢してても食べちゃうでしょ？（絶品アヒージョ）

太一・
レシピ
TAICHI'S RECIPE

ねぎシャモ鍋

熱海港から船で30分で行けるリゾート"初島"で敢行された、毎年恒例"男子ごはん・新春スペシャル"！日本全国を3周以上お散歩して、地方の絶品レア食材に誰よりも詳しい太一と、料理家、ビジネスマンとして、全国津々浦々を飛び回り、美味しいものを食べてきた心平、そんな2人が本当に美味しいと思った厳選食材を各地から集め、新春にふさわしい豪華絶品料理を堪能しました。

シャキシャキな
大分味一ねぎはいくらでも
食べられそう！

シャモの旨味が
にじみ出ていて
美味しい！

カニ玉

カニの濃厚な味と
あんの酸味が
いいバランス。

シメのシャモ南蛮そば

photo by TAICHI

## 和 鍋 ねぎシャモ鍋

シメまで美味しい！

### 材料（4人分）

| | |
|---|---|
| 川俣シャモもも肉：2枚 | かつおだし：1100cc[*1] |
| 川俣シャモむね肉：2枚 | a しょうゆ：大さじ3 |
| 大分味一ねぎ：1束 | 　酒：大さじ2 |
| 塩：少々 | 　みりん：大さじ1 |
| サラダ油：少々 | 　塩：大さじ½ |
| おぼろ豆腐：1パック | ゆずまたはすだち |
| ゆずこしょう、七味唐辛子： | （4等分に切ったもの）、 |
| 各適宜 | 辛味大根（すりおろし）： |
| | 各適宜 |

### 作り方

① 川俣シャモもも肉とむね肉は大きめの一口大に切って塩を振る。グリル網にサラダ油を塗って熱し、肉を入れて表面に焼き目がつくまで焼く。[*2]

② 土鍋にかつおだし、a、①を加える。沸いたら蓋をして10〜15分煮る。

③ 火が通ったらおぼろ豆腐、根を切り落として3等分に切った大分味一ねぎをサッと煮る。スープごと器に盛って、ゆず（またはすだち）や辛味大根、ゆずこしょうや七味唐辛子をかけながら食べる。

### SHIMPEI'S POINT

[*1] スープはシメのことも考えて、少し濃いめの味つけにする。

[*2] 川俣シャモは焼いてから鍋に入れることで、脂の旨味と香ばしさが加わり、美味しく仕上がる。

**川俣シャモとは？**
福島県川俣町の特産物。闘鶏用の鶏を1980年代に観光客をもてなすため改良した食用種。広い鶏舎内で運動させることによって、アミノ酸がたまり美味しくなる（スーパーの鶏もも肉、鶏むね肉でも代用可能）。

**大分味一ねぎとは？**
大分県宇佐市の特産物。山々と周防灘に囲まれた肥沃な宇佐平野で、夏場は60日、冬場は120日という長期間をかけて栽培される。火を通すと甘みが増して、シャキシャキ食感に。

## 中 魚 カニ玉

### 材料（2〜3人分）

| | |
|---|---|
| 竹崎カニのほぐし身：1杯分 | 【カニ玉のあん】 |
| キクラゲ：7g | 水：150cc |
| しいたけ：2個 | 酒：小さじ2 |
| しょうが：1片 | しょうゆ、みりん、 |
| 卵：4個 | 鶏がらスープの素 |
| ごま油：大さじ2 | （半練り）：各小さじ1 |
| 塩、黒こしょう：各少々 | 砂糖：小さじ½ |
| | 塩：2つまみ |
| | a 片栗粉、水：各小さじ1 |
| | 酢：大さじ1 |

### 作り方

① キクラゲはぬるま湯に浸して戻し、食べやすい大きさに切る。しいたけは軸を落として縦薄切りにする。しょうがはみじん切りにする。卵はゆるめに溶く。

② カニ玉のあんを作る。小鍋に水、酒、しょうゆ、みりん、鶏がらスープの素、砂糖、塩を入れ、混ぜ合わせて火にかける。沸いてきたらよく混ぜたaを加えて煮詰める。とろみが出てきたら火を止め、酢を加えてサッと混ぜる。

③ フライパンを熱してごま油をひき、しょうがを加えて強火で炒める。香りが出てきたら、キクラゲ、しいたけを加えて炒める。しいたけが少ししんなりしたら竹崎カニのほぐし身を加え、塩、黒こしょうを加えてザッと炒める。

④ 油が回ったら溶き卵を流し入れてそのまま加熱し、卵の縁がかたまってきたら木べらでこそいで卵が層になるように重ねながら丸くまとめる。半熟状になったら皿をかぶせてひっくり返し、器に盛る。最後にあんをかける。

### SHIMPEI'S POINT

卵はゆるめに溶くことでコシが残り、仕上がりがフワッとして白身と黄身の両方を楽しめる。

**竹崎カニとは？**
佐賀県太良町の特産物。一年を通して獲れる。有明海の広大な干潟にいる上質なプランクトンをエサとしているため、身がぎっしり詰まっているのが特徴。

---

## 和 麺 シメのシャモ南蛮そば

### 材料（作りやすい分量）

**ねぎシャモ鍋の残り、へぎそば、刻み海苔：各適宜**

**へぎそばとは？**
新潟県十日町市の特産物。"へぎ"という四角い器に"手繰り"と呼ばれる、一口大に丸める手法で盛るのが特徴。つなぎには"海藻の布海苔"が使われ、喉ごしや風味が抜群。

### 作り方

① へぎそばは袋の表示時間通りに茹で、流水で洗って水気をしっかりきり、ザルに盛る。鍋の煮汁にそばをサッとくぐらせながら食べる。

photo by TAICHI

 ヒレ肉に弾力がありますね。
臭みもなくて美味しい！

 フレッシュなバジルソース
と相性抜群ですね。

## 洋 肉 ラムのグリル

### 材料（4人分）

サフォークのラムチョップ：
約6本
サフォークのラムヒレ肉：1本
オリーブ油：大さじ2
タイム：適宜
塩：小さじ1
黒こしょう：適宜

【バジルソース】
バジル：3パック（45g）
にんにく：1片
松の実：20g
オリーブ油：大さじ3
塩：小さじ1

 SHIMPEI'S POINT

ラム肉をタイムと一緒に30分漬け、さらに肉の上に
タイムをのせて焼くことで、肉に香りがしっかりつき
美味しく仕上がる。

 サフォークとは？
顔と足が黒い羊の品種。また、ラム肉は1歳未満の羊の
肉のみを指す。番組では北海道焼尻島から譲り受けた幻
の品種の血統を持つ、北海道旭川市のサフォークの肉を
使用。ほとんどクセが無く、脂の甘みが特徴。

### 作り方

① ラムチョップは食べやすい大きさに切り分ける。

② ボウルにラムチョップとラムヒレ肉を入れ、オリーブ
油、タイム、塩、黒こしょうを加え、もみ込んでマ
リネする。ラップをかけて冷蔵庫で30分程置く。

③ バジルソースを作る。バジル、にんにくはみじん切
りにしてボウルに入れ、松の実、オリーブ油大さじ
2を加えて潰すようにしながら混ぜる。松の実が潰
れたら、塩、オリーブ油大さじ1を加えてよく混ぜる。

④ 熱したグリルに②を並べ、上にタイムをのせて両面
に焼き目がつくまで焼く（片面に焼き目がついたらタ
イムを取り除く）。ヒレは食べやすい大きさに切って
器に盛り、バジルソース、別のタイムを添える。

## 和 魚 連子鯛の酢じめ 🍶日本酒によく合う!

**材料(作りやすい分量)**

連子鯛:2尾  
塩、すし酢:各適宜  
青じそ、わさび:各適宜

**作り方**

① 連子鯛はうろこを取って3枚におろし、塩を振って3時間程置く。出てきた水分を拭いて、すし酢をかけて一晩置く。

② 器に盛って青じそとわさびを添える。

連子鯛の酢じめ

ヒメの天ぷら

甘鯛の松笠焼き

photo by TAICHI

## 和 魚 ヒメの天ぷら 🍶日本酒によく合う!

**材料(作りやすい分量)**

ヒメ:2尾  
塩:少々  
天ぷら粉:50g  
水:70cc  
揚げ油:適宜

**作り方**

① ヒメはうろこを取って腹開きにし、塩を振る。出てきた水分を拭く。天ぷら粉と水を混ぜて、ヒメをからめ、180℃に熱した揚げ油できつね色に揚げる。

## 和 魚 甘鯛の松笠焼き 🍶日本酒によく合う!

**材料(作りやすい分量)**

甘鯛:1尾  
塩:少々  
片栗粉、サラダ油、ごま油:各適宜  
すだち(くし形切り):½個分  
辛味大根(すりおろし):適宜

★松笠焼きとは?  
魚のうろこに熱した油をかけて揚げながら反り立たせ、松笠のように美しく仕上げる調理法。

フワフワバリバリの食感が面白いですね。ごま油の香りが良いアクセント!

**作り方**

① 甘鯛は腹ワタを取り除き、頭を落としてうろこを取らず3枚におろし、一口大に切ったものに塩を振る。出てきた水分を拭く。身の方にのみ片栗粉をまぶす。

② 熱したフライパンにサラダ油とごま油を1:1の割合で入れ、油が温まったら①を身を下にして入れて中火で揚げ焼きにする。途中スプーンで油をうろこにかけながら加熱する。

③ うろこがしっかりと立ったら返し、うろこ側もこんがり焼く。うろこが半透明になったら器に盛り、すだち、辛味大根を添える。

SHIMPEI'S POINT

甘鯛のうろこを完全に立たせてから返すことで、松笠のような美しい見た目に仕上がる。

### 日本酒「醸し人九平次」
愛知県名古屋市緑区大高町で造られている日本酒。平均年齢30歳以下の造り手による、先進的な酒造りで生まれた。原料からこだわったフルーティーな味わいで、どんな料理にも合う日本酒として、世界からも注目されている。

食材となる高級魚をゲットするべく、熱海近海に釣りに出た2人。お目当ての甘鯛を釣り上げたのは太一。「釣れるとめちゃくちゃうれしい!」(太一)

## 新春90分スペシャル 2021.01.03OA

チーズポテト

photo by TAICHI

| 洋 菜 | **チーズポテト** |

材料(作りやすい分量)

雪室プレミアム2年熟成　　カチョカバロ：適宜
越冬じゃがいも男爵：適宜

作り方

① じゃがいもは皮ごと水から弱火でじっくり茹でる。

② カチョカバロは表面を削り薄くスライスする。熱したスキレットにカチョカバロを入れて加熱する。

③ カチョカバロが溶けたら、半分に切ったじゃがいもにのせて食べる。

**雪室プレミアム2年熟成越冬じゃがいも男爵とは？**
北海道芽室町の特産物。冬に雪を蓄える「雪室」と同じ低温高湿度の条件が年中維持された環境下で長期保存されたじゃがいも。でんぷんが糖分に変化することによるしっとりとした甘みが特徴。

**カチョカバロとは？**
吊るして熟成させるのが特徴のチーズの一種。番組では岡山県吉備高原のブラウンスイス牛（日本で約1,000頭しか飼育されていない貴重な牛）の牛乳から作られた、濃厚で風味の高いカチョカバロを使用。

| 洋 飯 | **トリュフ卵かけごはん** |

トリュフ卵かけごはん

photo by TAICHI

材料(作りやすい分量)

緑の一番星いとしのきみ：　　トリュフしょうゆ：適宜
1個　　　　　　　　　　　温かいごはん：適宜
トリュフ：適宜

作り方

① 緑の一番星いとしのきみはボウルに割り入れて溶く。

② 温かいごはんにトリュフしょうゆをたらし、①をかける。トリュフはスライサーで薄く削ってのせる。

**緑の一番星いとしのきみとは？**
青森県田子町の特産物。20年の歳月をかけ品種改良された鶏が産む濃厚で美味しい卵。12種類のエサを与えられ栄養が強化された鶏が1日に産む10,000個の中から選別される、大きくて生命力の強い卵のみが「いとしのきみ」として販売されている。全体の3割を占める黄身は、指でつまんで持ち上げることができる。

**トリュフとは？**
世界三大珍味の一つで、土の中で育つきのこの一種。土に空気が含まれている地点で見つかることが多い。

あまり存在が知られていない国産トリュフの収穫に向かった2人。釣りに続いて勢いが止まることのない太一が見事な大きさのトリュフをゲット！

photo by TAICHI

## 洋菜 我慢してても食べちゃうでしょ？（絶品アヒージョ）

太一
レシピ
★
TAICHI'S RECIPE

### 材料(作りやすい分量)

玉取茸：2個
オリーブ油：150cc
にんにく(みじん切り)：
1片分
タイム：3本

ゆずこしょう：
小さじ½〜1
ブロッコリー：½個
むきエビ：8尾
塩：少々

TAICHI'S POINT

ゆずこしょうで味つけをすることで、
一味違うアヒージョに仕上がる。

### 作り方

① 玉取茸は軸の先を落として縦4等分に切る。熱した
スキレットにオリーブ油を入れて、にんにく、タイム、
ゆずこしょうを加え加熱する。

② グツグツしてきたら玉取茸を加える。玉取茸がしん
なりしてきたらむきエビ、小房に切り分けたブロッコ
リーを加える。塩を振り味をととのえる。

 玉取茸の歯応えが
アワビみたいで美味しい！

ゆずこしょうが効いてますね。
玉取茸がとてもジューシー！

玉取茸とは？
静岡県藤枝市の特産物。太い軸から栄養分が笠に届けら
れ、直径6cm以上、厚さ3cm以上に育つ肉厚ないたけ。
あわびのような歯応えが特徴。モーツァルトの曲を聴か
せながら栽培されている。

# コロッケ2種
# 豚汁

昭和の
洋食屋さん
メニュー

第6弾

**TAICHI'S COMMENT**

定番コロッケはじゃがいもが
クリーミーで安定の味！
カレーコロッケはカレーソースと
カレー風味のタネの一体感がありますね。
豚汁はこってりしすぎず、
旨味が出ています。

photo by TAICHI

# コロッケ2種

材料（2〜3人分）

じゃがいも：4個（500ｇ）
合いびき肉：150ｇ
玉ねぎ：¼個（80ｇ）
バター：20ｇ
塩：小さじ⅓
黒こしょう：適宜

a | 塩：小さじ½
  | 生クリーム：大さじ2
b | カレー粉、ウスター
  | ソース：各小さじ2
c | 卵：1個
  | 薄力粉：大さじ6
  | 水：大さじ3
生パン粉、揚げ油：各適宜

【カレーソース】
豚こま切れ肉：100ｇ
サラダ油：小さじ1
にんにく（みじん切り）：
½片分

d | ウスターソース：
  | 100cc
  | 水：大さじ5
  | カレー粉：大さじ½
  | 片栗粉：小さじ½
  | 砂糖：小さじ⅓
中濃ソース、
キャベツ（千切り）：各適宜
トマト（くし形切り）：4切れ

作り方

① じゃがいもは皮をむいて4等分に切り、かぶるくらいの水で20分程茹でる。竹串がスッと通ったら茹で汁を捨て、再び中火にかけて水分を飛ばす。マッシャー等で潰す。

② 玉ねぎはみじん切りにする。フライパンを熱してバターを溶かし、合いびき肉をほぐしながら炒め、8割程火が通ったら玉ねぎを加え、塩、黒こしょうを振って玉ねぎが少ししんなりするまで炒める。

③ ボウルに①、②、ａを加えて混ぜ合わせる。そのうちの半量を別のボウルに移し、ｂを加えて混ぜる。タネはバットに移して粗熱を取る。*2

④ 定番味、カレー味をそれぞれ6等分に分け、定番味は俵形、カレー味は小判形に成形する。

⑤ バットにｃを混ぜ合わせ、④にしっかりからめてから生パン粉をまぶす。*3

⑥ カレーソースを作る。豚こま切れ肉は細かく刻む。小鍋を熱してサラダ油をひき、豚肉、にんにくを炒める。肉の色が変わったらｄを加えてとろみがつくまで煮詰める。

⑦ 揚げ油を180℃に熱して⑤を強めの中火で揚げる。衣がかたまってきたらたまに返しながら揚げ、きつね色になったら取り出す。

⑧ 器に盛って、定番味には中濃ソース、カレー味にはカレーソースをかける。キャベツ、トマトを添える。

SHIMPEI'S POINT

*1 豚こま切れ肉を使うことでしっかりとしたお肉の食感になる。

*2 タネを冷ますことで揚げた時に割れるのを防ぐ。

*3 コロッケにバッター液をしっかりつけることで揚げた時にコロッケが割れない。

# 豚汁

材料（2〜3人分）

豚こま切れ肉：100ｇ
ごぼう：½本（80ｇ）
にんじん：80ｇ
玉ねぎ：⅛個（30ｇ）

ごま油：大さじ1
だし汁：800cc
a | 八丁みそ：大さじ4
  | みりん：大さじ1
  | しょうゆ：大さじ½

SHIMPEI'S POINT

八丁みその量を多めにすることでしっかりとした味になる。

作り方

① ごぼうは斜め3mm厚さに切って水にさらす。にんじんは薄いいちょう切りにする。玉ねぎは繊維に沿って5mm厚さに切る。

② 鍋を熱してごま油をひき、豚こま切れ肉、水気をきったごぼう、にんじん、玉ねぎを加えて強火で炒める。肉の色が変わったらだし汁を加える。沸いてきたらアクを取り、火を弱めてａを溶き混ぜる。

# 熱燗に合う　冬のおつまみ3種

煎り酒で食べる白身魚のお刺身／揚げ焼き豆腐の辛味大根のせ
昆布だしあんのエビしんじょう

TAICHI'S COMMENT

お刺身は煎り酒で食べると
鯛本来の味が引き立ちます。
揚げ焼き豆腐は豆腐と辛味大根の
組み合わせがいいですね。
エビしんじょうはごま油が
効いています。

photo by TAICHI

## 和肴 煎り酒で食べる白身魚のお刺身 🍶熱燗によく合う！

**材料（2人分）**

鯛等の刺身：1さく（120ｇ）
日本酒：150cc
梅干し：3個
かつお節：5ｇ
塩：小さじ⅕
わさび（すりおろし）、
青じそ（千切り）、みょうが
（小口切り）、芽ねぎ：各適宜

**作り方**

① 小鍋に日本酒、梅干し、かつお節を合わせて強火にかけ、沸いてきたら弱火にし、梅干しを潰しながら４～５分煮る。梅干しが煮崩れてきたらこす。塩で味をととのえる。粗熱を取る。

② 刺身は薄いそぎ切りにして器に盛り、薬味と①を添える。

---

## 和肴 揚げ焼き豆腐の辛味大根のせ 🍶ぬる燗によく合う！

**材料（2人分）**

木綿豆腐：1丁
片栗粉：適宜
ごま油：大さじ2
辛味大根（すりおろし）：適宜
a｜しょうゆ：大さじ3
　｜みりん：大さじ½
　｜砂糖：小さじ2
　｜かつお節：4～5ｇ

**作り方**

① aを混ぜ合わせておく。

② 木綿豆腐はザルにのせて水きりをする。厚みを半分に切って片栗粉をまぶす。

③ フライパンを熱してごま油をひき、②を入れて強めの中火で揚げ焼きにする。油をかけながら焼き、焼き目がついたら返して両面を焼く。

④ 器に盛って①をかけ、辛味大根をのせる。

**SHIMPEI'S POINT**

豆腐の厚さを半分にすることでしっかりと豆腐に味がつく。

---

## 和肴 昆布だしあんのエビしんじょう 🍶熱燗によく合う！

**材料（2人分）**

水：400cc
だし昆布：12ｇ
a｜酒：大さじ½
　｜みりん：小さじ1
　｜塩：小さじ½
b｜片栗粉、水：各小さじ1
白髪ねぎ：適宜

【エビしんじょう】
むきエビ：160ｇ
卵黄：2個
薄力粉：大さじ1
ごま油：小さじ2
塩：小さじ½
水、酒：各適宜

**作り方**

① 鍋に水、だし昆布を入れて2時間程置く。中火にかけ、5～6分煮出す。だし昆布を取り除く。

② ①を200cc計量して小鍋に入れて火にかけ、aを加えて味をととのえる。bをよく混ぜてから加え、とろみをつける。

③ エビしんじょうを作る。むきエビは洗って水気を拭き、あれば背ワタを竹串で取り除く。ボウルに入れてハンドミキサーをかけて細かく潰す。卵黄、薄力粉、ごま油を加えてなめらかになるまでかける。塩を加えよく混ぜ合わせる。

④ 鍋に水、酒を入れて沸かし、スプーン2本を使って③を直径5cmくらいの団子状にまとめて2分茹でる。水気をきる。

⑤ 器に④を盛って②をかけ、白髪ねぎをのせる。

# ピリ辛ユッケジャン鍋／シメの納豆おじや
# 春雨と岩海苔のサラダ
## 太一本気レシピ　ブリの韓国風カルパッチョ

太一レシピ TAICHI'S RECIPE

**TAICHI'S COMMENT**

ユッケジャン鍋は本格的！
牛肉が良い味を出しています。
サラダはユッケジャンとは真逆の味なので
付け合わせにはもってこい。
カルパッチョはらっきょうが
効いています。

photo by TAICHI

---

韓菜 **春雨と岩海苔のサラダ**

材料（2〜3人分）

| | |
|---|---|
| 緑豆春雨（乾麺）：50g | a ┌ 薄口しょうゆ：大さじ1½ |
| 鶏むね肉：100g | │ 酢：大さじ1 |
| 青ねぎ：5本 | │ みりん：大さじ1 |
| しょうが：1片 | └ 砂糖、ごま油：各大さじ½ |
| 岩海苔：5g | 白炒りごま：適宜 |

**SHIMPEI'S POINT**

食材の長さやサイズをそろえることで、
食べやすさが格段にアップする。

作り方

① 鶏むね肉は1cm角の拍子木切りにする。鍋に湯を沸かし、鶏肉を入れて中火で2分茹でて取り出し、冷水にとって冷ます。キッチンペーパーで水気を絞る。青ねぎは5cm長さに切り、しょうがはみじん切りにする。

② ①の湯で春雨を3分程茹でる。ザルにあげて流水で洗って水気をきり、キッチンペーパーで水気を拭く。4等分に切る。

③ ボウルにaを混ぜ合わせ、①、②、岩海苔を加えて和える。器に盛って白炒りごまを散らす。

## 韓 鍋 ピリ辛ユッケジャン鍋

### 材料（2〜3人分）

牛肩肉、牛バラ肉（しゃぶ
しゃぶ用）：200ｇ
しいたけ：2個
玉ねぎ：¼個（60ｇ）
ニラ：⅓束（30ｇ）
にんにく：1片
卵：1個
キムチ：60ｇ
豆もやし：1袋（250ｇ）

a 水：600cc
薄口しょうゆ、酒、
ごま油：各大さじ2
みりん、韓国産唐辛子
（粉末）：各大さじ1
コチュジャン：大さじ½
ダシダ（韓国のだし）：
小さじ2

酒、韓国産唐辛子（粉末）：
各適宜

### SHIMPEI'S POINT

*1 韓国産唐辛子を使うことでマイルドな辛さに！
日本の一味唐辛子を使うと激辛になるので注意。

*2 豆もやしの下茹では30秒程であげることで、
シャキシャキ食感が残る。

### 作り方

① しいたけは5mm厚さに切る。玉ねぎは縦1cm幅に
切る。ニラは5cm長さに切る。にんにくは横薄切
りにする。卵は溶く。

② 豆もやしは酒を加えた熱湯で30秒茹でてザルにあげる。*2

③ 鍋にaを合わせて強火にかけ、沸いてきたら牛肩肉、
牛バラ肉、しいたけ、玉ねぎ、にんにく、キムチを
加えて一煮する。溶き卵を菜箸に伝わらせながら回
し入れ、ニラ、豆もやしの順に加える。韓国産唐辛
子を振る。

④ 野菜がしんなりしたら完成。

---

## 韓 飯 シメの納豆おじや

### 材料（2〜3人分）

ユッケジャン鍋の残り：適宜
ごはん：300ｇ
小粒納豆：1パック（60ｇ）
塩：小さじ⅓
コチュジャン：小さじ2

卵：1個
ごま油：小さじ1
青ねぎ（小口切り）：3本分

### 作り方

① 残ったユッケジャン鍋を火にかけ、ごはんを加えて混ぜる。
ごはんが水分を吸ったら、小粒納豆、塩、コチュジャンを
加えて混ぜ、鍋肌に押さえつけるようにしながら加熱する。

② 少し焼き目がついたら真ん中に卵を割り入れる。ご
ま油を加えて混ぜ、青ねぎを散らす。

---

## 韓 魚 太一本気レシピ ブリの韓国風カルパッチョ

### 材料（2〜3人分）

ブリ(刺身用)：1さく（100ｇ）
キムチ：60〜70ｇ
香菜：3枝
らっきょう：3個

a ごま油：大さじ1〜1½
白炒りごま：大さじ1
砂糖：小さじ¼
しょうゆ：小さじ1
塩：少々

### TAICHI'S POINT

*1 ブリは包丁を引きながら1回で切ることで、
金気臭さを防ぎ、断面もキレイに仕上がる。

*2 キムチをみじん切りにすることで、
ブリとキムチがバランス良く食べられる。

### 作り方

① ブリは5mm厚さに切る。*1

② キムチはみじん切り、香菜とらっきょうは細かいみ*2
じん切りにしてボウルに入れる。aを加えて混ぜ合
わせる。

③ ②に①を加えて和える。

# カキのオイル煮 サワーソースを添えて
# 豚肉とベーコンのモッツァレラチーズロール れんこんピューレ
# チョコオレンジソースのブランマンジェ

ビストロみたいな料理を作ろう！ 第2弾

**TAICHI'S COMMENT**
カキは旨味が凝縮されています！
チーズロールはシンプルに見えるけど
味に深みがありますね。
ブランマンジェは層によって
味や舌触りが変わって面白いです。

photo by TAICHI

---

## 仏 魚 カキのオイル煮 サワーソースを添えて

### 材料（2～3人分）

| | |
|---|---|
| カキ（加熱用）：大6個(170g) | a パルミジャーノ（すりおろし）：8g |
| オリーブ油：100cc | マヨネーズ：大さじ2 |
| ローズマリー：1本 | レモン汁：大さじ1 |
| イクラ：適宜 | フレンチマスタード：小さじ½ |
| エンダイブ：適宜 | 砂糖：小さじ⅓ |

**SHIMPEI'S POINT**

鍋に蓋をすることで、カキの旨味や水分を
逃さずに煮込むことができる。

### 作り方

① カキは水を張ったボウルに入れてもみ洗いをし、すすぎを繰り返す。水気をしっかり拭く。小鍋にオリーブ油、ローズマリー、カキを入れて中火にかけ、フツフツしてきたら蓋をして弱火にする。たまに返しながら10～15分加熱する。火を止めて粗熱が取れたら冷蔵庫で冷やす。

② aを混ぜ合わせる。

③ 器に①を盛って②をかけ、イクラをのせる。エンダイブを添える。

## 豚肉とベーコンの モッツァレラチーズロール
**れんこんピューレ**

仏 肉

### 材料（2人分）

豚ロース肉（しょうが焼き用）：
4枚（160g）
ベーコン：2枚
モッツァレラチーズ：
1個（100g）
塩：小さじ⅓
白こしょう、片栗粉、オリー
ブ油：各適宜

タイム：2枝
イタリアンパセリ
（みじん切り）：適宜

【れんこんピューレ】
れんこん：100g
生クリーム：大さじ1
塩：小さじ⅙
バター：10g

### 作り方

① れんこんピューレを作る。れんこんは皮をむいてすりおろし、生クリームと塩を加えて混ぜる。小さめのフライパンにバターを溶かし、れんこんを加える。焼きつけるようにしながら強めの中火で加熱する。焼き目がついたらたまに返しながら加熱する。

② まな板に豚ロース肉を縦に幅の狭い方を下にして少しずつ重ねながら並べ、ベーコンを横向きにのせる。モッツァレラチーズをちぎりながらベーコンの上にのせる。豚肉を持ち上げて手前からチーズを包むように巻く。ベーコンは内側に折り込みながら巻く。

③ 塩、白こしょうを振り、片栗粉を全体にまぶす。

④ フライパンを熱してオリーブ油大さじ2をひき、③の巻き終わりを下にして入れ、タイムをのせ、蓋をして強めの中火で7～8分たまに返しながら焼く。仕上げにフライパンの空いているところに直にタイムをのせて香りをつける。

⑤ 器にれんこんピューレを敷き、食べやすく切った④を盛り、オリーブ油適宜を回しかけてイタリアンパセリを散らす。

**SHIMPEI'S POINT**

**豚肉→ベーコン→チーズの順に重ねることで深みのある味への変化を楽しめる。**

## チョコオレンジソースの ブランマンジェ

仏 甘

### 材料（2人分）

【ブランマンジェ】
牛乳：300cc
生クリーム：200cc
グラニュー糖：70g
水：大さじ2
粉ゼラチン：5g
グランマルニエ（またはコアントロー）：大さじ2

【オレンジソース】
オレンジ：1個
グラニュー糖：45g
【チョコレートソース】
板チョコレート：
1枚（50g）
生クリーム：100cc

### 作り方

① ブランマンジェを作る。小さい容器に水を入れ、粉ゼラチンを振り入れてふやかす。

② 鍋に牛乳を入れて中火にかけて温め、グラニュー糖、①を加え、弱火にかけて溶かす。グランマルニエを加えて混ぜる。火から下ろし、氷水にあてて混ぜながら常温に冷ます。

③ ボウルに生クリームを入れて泡立て器で六分立てに泡立てる。②に2～3回に分けて加え、その都度やさしく混ぜる。

④ グラスに流し入れて冷蔵庫で40分程冷やしかためる。

⑤ オレンジソースを作る。オレンジは白い部分が入らないようにして薄く皮をむき、千切りにする。鍋に入れ、水を加えて10分程中火で下茹でする。

⑥ 皮をむいたオレンジは薄皮に沿って包丁を入れて実を取り出す。細かく刻む。皮に残ったオレンジをギュッと搾って果汁を小鍋に入れ、果肉、水気をきった⑤、グラニュー糖を入れて中火で6分煮詰める。別の容器に移してしっかり冷ます。

⑦ チョコレートソースを作る。小鍋に生クリームを入れて中火にかけ、温まったら細かく割ったチョコレートを入れて混ぜながらなめらかになるまで溶かす。

⑧ ブランマンジェにチョコレートソースをかけ、オレンジソースをのせる。

**SHIMPEI'S POINT**

**沸騰させすぎるとゼラチンがかたまりにくくなる。**

photo by TAICHI

**麻婆春雨**
**セロリの紹興酒漬け**
太一本気レシピ　**豚ひき肉と豆腐の高菜スープ**

太一
レシピ
TAICHI'S RECIPE

TAICHI'S COMMENT

麻婆春雨は春雨に
味がしっかり染み込んでいます。
紹興酒漬けはセロリの風味がいいですね。
スープは好みで
酢を入れてもいいかも！

## 中麺 麻婆春雨

### 材料（2人分）

春雨（乾麺）：100g
豚ひき肉：300g
にんにく、しょうが：各1片
a 水：大さじ5
　 しょうゆ：大さじ2
　 みりん：大さじ1
　 オイスターソース、みそ、
　 砂糖、紹興酒：各大さじ½
　 豆板醤：小さじ2

花椒：小さじ1
ごま油：大さじ1
赤唐辛子（小口切り）：
小さじ1
青ねぎ（小口切り）：6本分

**SHIMPEI'S POINT**

春雨が水分を全て吸うまで炒め合わせることで
しっかりした味に仕上がる。

### 作り方

① 春雨は熱湯で3分茹でてザルにあげ、水気をきって4等分に切る。にんにく、しょうがはみじん切りにする。aを混ぜ合わせる。花椒をする。

② フライパンを熱してごま油をひき、にんにく、しょうが、豚ひき肉をほぐしながら強火で炒める。肉の色が変わったら赤唐辛子、aを加える。

③ 春雨を加えて汁気が無くなるまで炒め合わせたら、火を止めて花椒を加えて混ぜる。

④ 器に盛って青ねぎを散らす。

---

## 中菜 セロリの紹興酒漬け

### 材料（2～3人分）

セロリ：2～3本（300g）
ごま油：大さじ1
すし酢：大さじ3

a しょうゆ：大さじ3
　 紹興酒、みりん：
　 各大さじ2
　 砂糖：大さじ1
　 花椒（粒）：小さじ1

### 作り方

① セロリは葉を落とす。筋を取って2～3cm長さに切り、太い部分はさらに縦半分に切る。

② フライパンを熱してごま油をひき、セロリを入れて強火で炒める。少し焼き目がついたらaを加えて炒め合わせる。

③ 2分程炒め煮にしたら火を止め、すし酢を加えて混ぜる。粗熱を取ってから密閉袋に入れ、冷蔵庫で一晩漬ける。

**SHIMPEI'S POINT**

ごま油でセロリを先に炒めることで、コクが出て
味が淡白にならない。

---

## 中汁 太一本気レシピ
## 豚ひき肉と豆腐の高菜スープ

太一レシピ★TAICHI'S RECIPE

### 材料（2人分）

豚ひき肉：150g
長ねぎ：½本
高菜：100g
絹ごし豆腐：½丁
ごま油：大さじ1

赤唐辛子（小口切り）：1本分
水：600cc
塩：適宜
a 酒：大さじ2
　 砂糖、しょうゆ：各小さじ1
青ねぎ（小口切り）：適宜

### 作り方

① 長ねぎは小口切りにする。高菜はサッと洗って水気を絞り、茎の部分は粗みじん切りにし、葉の部分は1cm幅に切る。絹ごし豆腐は角切りにする。

② 鍋を熱してごま油をひき、長ねぎと赤唐辛子を入れて中火で炒める。香りが出てきたら豚ひき肉を加え、粗くほぐしながら炒める。

③ 肉の色が変わったら水を加える。沸いてきたら弱火にしてアクを取り、a、高菜、豆腐を加えて5～6分煮る。味をみて足りなければ塩を加える。器に盛って青ねぎを散らす。

**TAICHI'S POINT**

高菜を食べやすくするため、
葉と茎を分けて細かく切る。

# せり鍋／シメの和そば
# はらこ飯

TAICHI'S COMMENT

せり鍋はだしに具材の旨味が出ています。
せりは切った部分によって
食感や味が変わりますね。
はらこ飯は見た目もいいし、
鮭とイクラの相性が抜群！

47都道府県
ご当地ごはん

第12弾
宮城県編

photo by TAICHI

## 和 鍋 せり鍋

### 材料（2〜3人分）

せり（根つき）：1束
鶏もも肉：300g
長ねぎ：1本
舞茸：1パック（100g）

a かつおだし：700cc
　 薄口しょうゆ、酒、
　 みりん：各大さじ2
　 塩：小さじ1

ゆずこしょう、七味唐辛子：
各適宜

**鶏肉を先に煮込むことで、だしに鶏肉の旨味が染み込む。**

### 作り方

① せりは根を切り分け、石や土がついていたらよく洗う。茎と葉の部分を7〜8cm長さに切る。鶏もも肉は一口大に切り、長ねぎは5cm長さの斜め切りにし、舞茸はほぐす。

② 土鍋にaを合わせて強火にかけ、沸いてきたら鶏肉を加えてアクを取りながら中火で5〜10分程煮る。長ねぎ、舞茸、せりの根、茎、葉の順に加える。ゆずこしょう、七味唐辛子を添える。

---

## 和 麺 シメの和そば

### 材料（作りやすい分量）

せり鍋の残り：適宜
そば（乾麺）：適宜

わさび、七味唐辛子、
青ねぎ（小口切り）：各適宜

### 作り方

① そばは袋の表示時間通りに茹で、流水で洗って水気をしっかりきって器に盛る。

② わさび、七味唐辛子、青ねぎを添える。各自の器に鍋の煮汁を取り、そばをつけながら食べる。

---

## 和 飯 はらこ飯

### 材料（2〜3人分）

米：2合
甘塩鮭：1切れ（200g）

a かつおだし：290cc *1
　 酒：大さじ2
　 薄口しょうゆ、みりん：
　 各大さじ1

イクラ：適宜
青ねぎ（小口切り）：適宜

### 作り方

① 米は洗ってザルにあげて水気をきり、炊飯器に入れて甘塩鮭をのせる。aを混ぜ、炊飯器に加える。普通に炊く。

② 炊き上がったら鮭の骨と皮を取り除く。鮭の身を大きめにほぐしながらサックリと混ぜる。

③ 器に盛ってイクラをのせ、青ねぎを散らす。

### SHIMPEI'S POINT

*1 塩鮭の塩気を考慮して、調味料の塩分量は少なめにする。

*2 鮭の煮汁で炊く代わりに生の鮭と炊き込むことで、米に鮭の香りが移り美味しく仕上がる。

全部！
太一レシピで
おもてなし
TAICHI's Special Dish

# 全部！太一レシピで おもてなし

## TAICHI's Special Dish

「そろそろ、本気で料理しようかな？」
——これは2021年の『男子ごはん』新春90分スペシャルで太一が今後の抱負として語った言葉ですが、書籍では、太一が全ての料理をイチから作って心平をおもてなしする企画が始動！「俺、なんでも作るから。心平ちゃんが喜ぶ顔、見たいなー！」と、前菜からメインまでメニューを構想すること約1カ月。撮影本番前にはしっかり試作も行い、太一がガチで臨んだある日の食卓をお届けします。奇しくも2021年は、太一と心平が出会ってから10年目を迎える節目イヤー。満を持しての太一流のおもてなし、心行くまでお楽しみください！

「料理だけでなく、"いい音"でもおもてなししたい」と太一が用意した真空管アンプ＆スピーカー。「これまで洋楽ばかりだったけど、最近、邦楽も聴くようになった」

## とにかく喜ぶ顔が見たい！
## 綿密に練られた
## おもてなしメニュー

「トマトは種を取るのがポイントです。仕上がりが水っぽくならないし、食感が良くなるんですよ」と、試作で得たポイントを披露。

鮮やかなブルーやゴールドの器は、太一が友人の陶芸家・青木良太さんからいただいた作品。食材の彩りをイメージしながら、どの器に何を盛るか検討。

「ごめん！ ビール飲みながら作ってもいいですか？（笑）」と爽快にゴクリ。「ビールってなんでこんなに美味しいの!?　もう最高だよ！」と再認識。

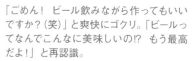
*Report!*

心平が到着する約2時間前からキッチンに入った太一。その両手には、私物の食器類、そしてキャンプの時に愛用しているという真空管アンプ＆スピーカーまで抱えられていて…どうやら、料理以外のおもてなしも用意している!?　様子。「おもてなしの準備はできている！　自画自賛だけど、今回、すごくいいメニューを考えられたから」と、気合い十分でエプロンをしめ、まずは野菜類のカットから手際良く進めていきます。実は「心平ちゃんを驚かせたくて」と、何を作るかはあえて秘密にしたまま、この日を迎えました。

主なメニューは全3品。1品目の「イワシのタルタル」は、イワシが大好物という心平の嗜好をくんで。2品目の「鴨むね肉のロースト」は太一が今年のお正月に食べて、「鴨とある野菜の組み合わせが最高だった！」と唸ったメニューを再現。そして、3品目「からすみパスタ」は、当初「からすみリゾット」を作る予定だったけれど、試作の前段階であまりに工程が複雑すぎる…と断念。よりシンプルに作れるパスタに路線変更しつつ、どれも心平の好物をベースに、太一らしいアレンジを加えた逸品ばかり！

「こうして鴨の焼き上がりを待つって…いい時間だよね」とガス台の前に腰を落ち着ける太一。キッチンには徐々に豊潤な香りが立ち込め、気分も上々。

フライパンで焼いた後、余熱で火を通す。鴨肉は、火加減と焼き時間が重要。「まずは弱めの中火で8分。焦らず、肉を動かさずに待つことがポイントです!」

"たたき"風に生で食べるイワシは、鮮度にこだわって用意。「うわ、このイワシうまそう! まず色がいいね。脂が相当のってますよ!」

Dinner's Ready!

「何を作っているかバレないように」と心平をキッチンに招いたのは、できあがり直前のタイミング。美味しい匂いをたよりに、メニューを推測する心平。

「イワシがお好きって言ってましたよね？」（太一）、「大好物です！」（心平）といきなり好きな食材が登場し、テンションが上がる心平。

## Report! いつもの『男子ごはん』と立場が逆転!? 太一が作り、心平が試食

焼き上がった鴨肉をアルミホイルで包み終えた段階で、いよいよ心平をキッチンに招き入れた太一。「ごめんね、お待たせして。（調理で）いっぱいいっぱいだったから…」と平謝りの太一に、心平は「いい匂いするね〜！」と満面の笑顔。「酸味と肉っ気が混ざり合った匂い…もしかして、バルサミコ酢か黒酢使ってる？」と香りだけで調味料をずばり当てられ、やや焦る太一。「今日は驚かせるよ！ 心平ちゃんへのおもてなしだから、好きなものを意識してメニューを考えました」と胸を張ると、「じゃあ…イワシかな？」「えっ…ノーコメン

ト！」「お肉はなんだろう？ 豚や鶏じゃないよね？ あ、パスタも作ってくれるんだ。太一さんはオイル系のパスタが好きだから、きっとその方向だよね？」と、次々とメニューの正解に近づく心平に「やっぱり心平ちゃん、只者じゃないね。探偵か!?（笑）だって匂いだけでバルサミコ酢当てちゃうなんて！ すごすぎる」と感服の太一。心平はソファでくつろぎながら、「この音いいね」と太一が用意したスピーカーから流れる音楽にも耳を傾け、最後の仕上げに余念がない太一を見守ったのでした。

「イワシのタルタル」はセルクルで円形に成形して器に盛ると、おもてなし度が一気にアップ！　ベビーリーフを美しく散らしたら、見た目も鮮やかな一皿に。

肉汁の旨味を凝縮させながら、じっくりとソースを煮詰めて。「鴨は難しいよ。特に火加減の難易度が高い！」という心平からのプレッシャー（!?）を背に、最後の仕上げを。

「パスタは高く盛ると美味しそうに見えるって、心平ちゃんが教えてくれたんだよね」と、トングを持つ手をひねりながら見た目にもこだわって盛りつけ。

パスタはできたてを食べたいということで、乾杯前に試食。「からすみのパスタなんてぜいたく！　超ごちそうじゃん！」と頬張る心平。

121

I hope you like it.

太一が心平のことを考え抜いたおもてなしの食卓が、つい
に完成！「心平ちゃん「これ本当に太一さんが作ったの!?」
って言いそう！」と、3品を中心に並べていきます。色味
のバランスを見ながら、モッツァレラチーズとフルーツト
マトをオリーブ油で和えてバジルを散らした手軽に作れる
カプレーゼ、生ハムやパテに、フルーツ等のサイドディッ
シュも添えて、華やかなテーブルができあがりました。お
酒も太一のセレクトで、乾杯用のシャンパンから赤、白ワ
インと各種取りそろえ、料理と合わせて楽しめるように抜
かりなくスタンバイ。

ほろ苦い春菊の風味が
じっくり焼き上げた
鴨肉の濃厚な旨味とマッチ

## 伊 肉 鴨むね肉のロースト （太一レシピ★）

**材料（作りやすい分量）**

鴨むね肉：約300ｇ
《下味》
　塩：小さじ⅔
　黒こしょう：小さじ¼
　にんにく（すりおろし）：少々
舞茸：1パック
a　水：大さじ5
　しょうゆ、赤ワイン、
　バルサミコ酢：各大さじ2
　はちみつ：大さじ1½
ブルーベリージャム：大さじ1
春菊、芽ねぎ、塩：各適宜

**作り方**

① 鴨むね肉は水気を拭き、余分な脂身と皮を切り落とす。皮に薄く格子状に切り込みを入れる。両面に下味の塩、黒こしょうを振り、身の方ににんにくを塗る。

② 皮目を下にしてフライパンに入れ、空いているところに舞茸をほぐして加え、弱めの中火で舞茸に鴨肉の脂を吸わせながら8分焼く。裏返して2分焼く。舞茸が少ししんなりしたら途中で取り出し、塩を振る。

③ 再び皮目を下にして、aを加えて弱火で2分加熱する。裏返して2分加熱する。火を止めて蓋をしてそのまま8分置いて余熱で加熱する。

④ 鴨肉を取り出してアルミホイルで包み、さらに布巾で包んで15分休ませる。

⑤ フライパンにブルーベリージャムを加えて中火で3〜4分煮詰める。とろみがついたらソースのできあがり。

⑥ 鴨肉を3mm厚さに切って器に盛り、ソース、春菊、芽ねぎ、舞茸を添える。

TAICHI'S POINT　**鴨肉は油をひかずに焼く。焼いている時は、肉の旨味を逃さないよう、動かさない。**

**伊 麺** からすみパスタ 太一レシピ

材料（2人分）

フェデリーニ：150g
からすみ：30g
にんにく：½片
赤唐辛子：1本

オリーブ油：大さじ2
バター：10g
しょうゆ：少々
塩、あさつき（小口切り）：
各適宜

作り方

① からすみは極薄切りを8枚切り、残りはすりおろす。にんにくはみじん切りにする。赤唐辛子はヘタと種を取り除く。

② 鍋に湯を沸かして塩を加え、フェデリーニを袋の表示時間より1分短く茹でる。

③ フライパンにオリーブ油、にんにく、赤唐辛子を入れて中火にかける。にんにくが少し色づいてきたら、火を止めて、②の茹で汁をおたま2杯くらい入れて混ぜる。

④ 茹で上がった②、すりおろしたからすみの半量、バター、しょうゆを加えて強火でザッと和える。味をみて薄ければ塩でととのえる。

⑤ 器に盛って残りのからすみ、あさつきを散らす。好みでオリーブ油を回しかける。

これぞぜいたくの極み
たっぷりとからすみ
見た目も鮮やか

心平の大好物、イワシが主役！
さまざまな隠し味が、イワシ本来の
美味しさをいっそう引き立てて

**伊 魚** イワシのタルタル 太一レシピ

材料（2皿分）

イワシ（刺身用）：1パック
（2尾分、120g）
紫玉ねぎ：30g
青じそ：10枚
ディル：2〜3枝
ミニトマト：4個
オリーブ油：大さじ1½

a にんにく（すりおろし）：
ほんの少々
ポン酢しょうゆ：
大さじ1
わさび：小さじ¼
砂糖：2つまみ
塩、黒こしょう、ベビーリーフ：
各適宜

作り方

① イワシは1cm弱角くらいに刻み、塩1つまみ、オリーブ油を加えて混ぜておく。

② 紫玉ねぎはみじん切りにして水に15分さらし、ザルにあげて流水でよく洗う。キッチンペーパーで包んで水気をしっかり絞る。

③ 青じそ、ディルはみじん切りにする。ミニトマトは横半分に切ってからスプーンで種をくりぬき、粗みじん切りにする。

④ ボウルにaを混ぜ合わせ、①、②、③を加えて和える。味をみて足りなければ塩でととのえる。

⑤ ベビーリーフと共に器に盛る。黒こしょうを振る。

## TAICHI'S POINT

ミニトマトは種をくりぬくことで水気が抑えられ、食感が良くなる。

ごちそうが並んだテーブルを囲んで
身も心も癒される食事の時間
2人が思うおもてなしの極意について
たっぷり語り合いました

何度も「うまい！」「美味しい！」「いい味出てますね」とつぶやきながら、それぞれの料理を一口ずつ大切に味わう心平。その"本気の美味しい"リアクションに、思わず「やったー！」とガッツポーズを繰り出す太一。

心平をキッチンに誘い、「これは僕が今、ハマっているシャンパンです」と、うやうやしく心平のグラスに注ぐ太一。さらに、鴨肉も小皿に取り分けてサーブ。「ありがとうございます。ちゃんとおもてなししてくれてるね〜！」と満面の笑みの心平は、これから始まる食事への期待がいっそう高まります。

物撮りの時には、太一が自ら器を並べ、全体のバランスを見ながらより美味しそうに映える角度やアングルを微調整しながら撮影しました。「すごく彩りがキレイだね！ やっぱり自然光で撮影するといいね」と、太一もその仕上がりに満足。

「俺、まるで心平ちゃんの彼女みたいな感じで試作してたもん！『この味だったら、喜んでくれるかな？』って思ったりして」と笑う太一に、「大事ですよね、喜んでもらいたいっていう気持ち」とうなずく心平。「あと、いつもの太一さんっぽい料理だな、って思われたくなかったんだよね。とにかく驚かせたかった！」とサプライズ好きの太一らしく、心平の想像を超えることを目標に。

## 料理のプロから見て、太一のおもてなし料理の判定は…!?

太：俺と心平ちゃんが出会って、今年で10年ってこと!? そのタイミングがちょうど本の企画にハマったということだよね？ いつもお世話になっている心平ちゃんにワタクシが料理を作ったらこうなった、っていう。今回は料理だけでなく、お皿と音楽（スピーカーとBGM）も私物を用意させてもらいました。

──着席し、グラスを掲げる2人。

太：それでは、いいですか？ 乾杯！

心：乾杯！（シャンパンを一口飲んで）最高、ほんとにうまい！

太：何から食べます？

心：お魚からいきますか！（一口食べた瞬間）うまい！ うまいね〜！

太：うま〜い！ 明日も食べたい！

心：あはは！ 毎日食える（笑）。

太：心平ちゃん、イワシ好きでしょ？

心：大好き。

太：それを覚えててね、イワシ料理は必ず入れたかったんだ。

心：これ、お酢は何を使っているの？

太：お酢じゃなくて、ポン酢を使っています。

心：ほんのり甘味を感じるけど、調味料は？

太：砂糖を入れてます。

心：へ〜、すっっごい美味しい！

太：イェーイ！（と思わず両手を上げてガッツポーズ）あと、わさびも入ってます。

心：イワシはおろしたの？

太：ううん、刺身用に切り身になっているのをたたいて。最初は、なめろうみたいに細かくすり身にするのもいいなと思ったんだけど、もっとイワシの食感があった方が美味しくなりそうだったので、あえて粗めに切ってます。次は、鴨をぜひ！ これも絶対美味しいですよ！ お肉だけじゃなくて、舞茸も本当に美味しいの。鴨の脂を吸わせてるからね。

心：鴨の脂でソテーしてるんだ。

太：そうそう。

心：へー！ 凝ってますね。

太：薬味で芽ねぎと春菊を用意しました。春菊は巻いて食べても美味しいし、

鴨を食べた後に時間差で春菊を食べるとまた格別！

心：なるほど！

太：これは僕が発見した食べ方で。あと、スタッフさんが驚いていたのは、鴨料理はだいたいオーブンで焼くけど、フライパンで作れるのがすごいって。最初に表面を焼いて、ソースを加えて焼いて、アルミホイルで巻いて余熱で火を通して…それぞれの工程は時間を計りながら仕上げていきました。

心：（じっくり味わって）うん、うまい！

太：やったー！

心：鴨と薬味が合いますね。

太：合うよね。春菊がすごくいい仕事してくれてるのよ〜。心平ちゃん、鴨も好きでしょ？

心：大好き！

太：なんかさ、春菊が入ることで和風になるのかなと思うけど、そうでもないよね。鴨には香りの強い野菜が合うのかな。これはなかなか、番組では紹介できないですよね。

心：そうですね、鴨は高いし。ソースに入っ

ているこの果肉はなんだろう？って思ってたんだけど、ブルーベリーですね！

太：ジャムを入れてます。酸味と甘味が鴨に合うんだよね。

心：すごく味が複雑だね。

太：それってアリ？ アリな複雑さ？

心：（鴨肉を頬張りながら大きくうなずく）

太：ほんと？ うれしい！ 俺、ここまでちゃんと料理したの本当に久しぶりかも。…今のすごい問題発言だよね（笑）。でも、最初に試作した時、試行錯誤してたら鴨とイワシの2品しか作れなくて。で、昨日の夜、パスタを試作して。実はからすみでリゾットを作りたかったんだけど、工程を確認したら大変でこれは絶対にできない！って急きょ変えたんです。じゃあ、パスタいきます？

心：さっき先に作りたてを一口いただいたけど、味に深みがあって最高でした！

太：俺、試作の時に気づいたことがあって。パスタの味つけは、最初、からすみの塩気メインで、塩味が足りなかったら塩で調整しようと思ってたんだ。でも、塩だけだと物足りないかも？ って、しょうゆをほんのちょっとだけ入れてみたの。そうしたら劇的に味が変わった。その瞬間に"料理の一山越えたな！"って思ったんだよ。

心：それが太一さんにとっての"料理の気づき"だったんですね？

太：まさにそう！ それまで控えめだった塩分が、しょうゆの塩味によってさらに引き出されていく感じ。

心：塩分ってそうなんですよ。ふとした瞬間にハッと気づく。塩分から旨味が引き出される領域があって、それだと思う。

太：なるほど！ それを体感したんですね。

心：単純にしょっぱいとは違うんでしょ？

太：全然違った。多分、塩としょうゆでは、味の種類が全然違うんだよね。それも分かった。イタリアンだけど、時々しょうゆってアリだなって思った。俺、『イタリアン、時々しょうゆ』って本出せそう！

心：あはははは！ ちゃんと責任持って発言してくださいよ（笑）。

太：うまくいったな、我ながら。最初は、心平ちゃんは焼酎好きだから和食とも考えたんだけど、おもてなしだし背伸びした方が喜ばれると思ってイタリアン、そして番組では作れない鴨を主役にしてみました。これ、コースとしてのバランスはどう？

心：どれも最高でした。まず、僕の好みをおさえてくれたっていうのがうれしいですよね。それって、おもてなしの大原則だと思う。太一さんの気持ちが伝わったっていうのと、ちゃんと段階があるのが良かったです。入口からシメまで。そして、太一さんが真剣に作ってくれたのが新鮮でした（笑）。

太：そこ!?（笑） でも、俺にとっても今回はすごく良い機会だった。なんか発見できた気がするし。やっぱり、おもてなしの基本って"食べる人の喜ぶ顔が見たい"でしょ？ 料理が上達するには、大切な誰かに食べてもらうっていうモチベーションで作るのが一番の近道ですね。何より楽しかったし。

心：太一さんの言ってること、すごく正しいんですけど「今かよ！」って思った（笑）。

太：あはははは！

心：実際そうですよね。食べてくれる誰かがいるから、頑張って作れる。

太：それって料理の根源だと思うから。

心：太一さんはテレビの仕事含めて普段からさまざまな食材に触れていて、しかも食べることが好きじゃないですか？ 食に関する記憶の断片、経験

値が半端じゃないんですよ。だから、目指す味さえ決まれば、すぐに作れちゃうはずです。あとは回数をこなせば段取りは良くなるので。本気で料理に取り組んだら、上達は早いと思いますよ。

太：俺ってそんな感じなの!? でも、心平ちゃんと出会って10年で、重い腰をやっと上げる気になったんで。

心：太一さんの料理、期待しています！

## 模索しながら、料理番組としてのモアベターを探り続けた1年

太：2020年は、これまでとまったく違う年になりましたよね。俺としては、（コロナ禍の影響で）緊急事態宣言が出されて在宅時間が長くなった時に、料理番組がどれだけ大切かっていうのをあらためて実感した年だったな。外食の頻度も減って、家にある材料で作れるものを知りたいっていう人が増えるだろうし。新企画の"作り置きおかず"シリーズのように、アレンジできるレシピは反響をいただけたんじゃないかな？ これはコロナとは関係なく、以前から考えていた企画ではあったんだけど。

心：そうでしたね。普段の収録ができなくて、"リモート男子ごはん"もありました。

太：心平ちゃんと離れ離れのスタジオでやりましたね。俺は、心平ちゃんに教えてもらいながら料理初心者でも作りやすいメニューを紹介して。本当にいろんなことがあったけど、ポジティブに考えたら『男子ごはん』にとってはいい経験になったと思う。番組の岐路として、もう一度気持ちを入れ替えて、視聴者の皆さんに寄

Cooperate／CIBONE HAY TOKYO Crate NOMAD NAVYS Playmountain sputnik inc.

り添ったメニューを紹介しなきゃって責任も湧いてきたし。

心：常に模索し続けた1年でしたよね。

太：そういう意味では、新春スペシャルも新しい試みでした。これまでは海外で料理や食文化を学んできたけど、ロケに行けないってなった時に、日本各地の食材をお取り寄せして、心平ちゃんに最高の料理を作ってもらうのはどう？って。僕も心平ちゃんも日本の食材の知識はある程度あるし、それに僕たちが番組で紹介することで多少なりとも話題になれば、農家の方、生産者の方を支援できる可能性も無きにしもあらずなのかな？って考えたり。

心：食材選びから始めたから、結構時間をかけて作りましたよね。

太：スタッフさんから「食材の候補を出してください」って言われて、案は思い浮かぶんだけど、旬の関係もあるし、限られた条件の中で知恵を振り絞って。生産者さんを紹介させてい

ただくからには、俺らも責任を感じてるから。心平ちゃんも俺も、お互いいろんな経験をさせてもらってるからこそ、できる企画だったと思うし。通常回を含めて、あの特番を乗り越えたのは自信にもなったな。

心：そうですね。生産者さんの協力無しではできない企画なので、ありがたかったです。

太：コロナ禍を経て、その前に戻れるかっていったら簡単には戻れないんじゃないかなと思う。人の意識も変わってきているし。一方で、番組としては今までと変わらないものを見せるのも大事だなって思うようにもなった。『男子ごはん』を見たら楽しくてホッと安心できる、そんな番組作りを今まで以上に考えたいな。難しいんだけど。不安だからこそ不安に思わない時間をお届けすることが、僕らエンターテインメントを届ける側の人間がやるべきことだと思うので。それを大げさに謳わずにしても、料理っ

て幸せになれるコンテンツじゃない？だったらなおさら責任重大なのかなと思ったし。あの場所に行けばいつもと変わらないねっていうスタンスなのかな。だからこれからは、もっと楽しい番組になるんじゃないですか。

心：コロナ以降、家で料理を作る機会が増えたのは事実だろうし、だからこそ料理がしんどいって感じる人もいると思います。毎日何作ろう？って考えること自体が面倒、とか。『男子ごはん』の視聴者は料理が好きで楽しめる方が多いと思いますが、そうでない方々もいると思う。だから、「料理ってもっと気楽に考えていいんだよ」って、言い方が悪いかもしれないけど、ハードルを下げられるようなこともお届けできたらって思います。

太：その時は、俺が大活躍するんだろうね。

心：まあ、そうっすね。でも、鴨焼いたらダメですね。

太：鴨はおもてなしだから！（笑）

# 素材・ジャンル別INDEX

**国分太一** こくぶんたいち

1974年生まれ。1994年、TOKIOとして『LOVE YOU ONLY』でCDデビュー。ミュージシャン、タレント、番組MCなど、様々な顔を持つ。2021年、株式会社TOKIOを設立。本書では、料理写真の撮影を担当している。

**栗原心平** くりはらしんぺい

1978年生まれ。料理家 栗原はるみの長男。(株)ゆとりの空間の代表取締役として会社の経営に携わる一方、料理家としても活躍。全国各地で出会った美味しい料理やお酒をヒントに、ごはんのおかずやおつまみにもなるレシピを提案している。

**『男子ごはん』番組スタッフ**

| | |
|---|---|
| 制作／プロデューサー | 朝比奈諒 |
| | 山地孝英 |
| 演出 | 掛水伸一 |
| ディレクター | 柿田 隼・古郡武昭・髙橋美由・浅野耀介 |
| AP | 橋本佳奈 |
| AD | 柴田 恵・藤本日向子・伴場虎太郎・野口聖太 |
| デスク | 後藤由枝 |
| 構成／ | 山内浩嗣・本松エリ・中野恵介・辻井宏仁・岩田竜二郎 |

©2021 TV TOKYO

# 男子ごはんの本　その13
## 国分太一
## 栗原心平

2021年4月20日　初版発行

| | |
|---|---|
| 発行人 | 藤島ジュリーK. |
| 発行所 | 株式会社エム・シィオー |
| | 〒107-0052　東京都港区赤坂9-6-35 |
| | TEL　03-3470-0333 |
| 発売元 | 株式会社KADOKAWA |
| | 〒102-8177　東京都千代田区富士見2-13-3 |
| | TEL　0570-002-008(KADOKAWA購入窓口) |
| | ※購入に関するお問い合わせ、製造不良品につきましては、上記ナビダイヤルで承ります。 |
| 印刷・製本所 | 大日本印刷株式会社 |

**書籍スタッフ**

| | |
|---|---|
| アートディレクション＆デザイン | 佐藤重雄(doodle＆design) |
| フードコーディネート | 下条美緒／髙橋まりあ(ゆとりの空間) |
| 撮影 | 国分太一(料理) |
| | 栗原 論(カバー、P.2～3、P.114～129) |
| 広報スチール | 野本佳子 |
| スタイリング(costume) | 九(Yolken) |
| スタイリング(interior) | 作原文子(カバー、P.2～3、P.114～129) |
| ヘアメイク | 原熊由佳(カバー、P.114～129) |
| DTPワーク | 木原幸夫(Seek.) |
| プリンティングディレクター | 加藤剛直(DNP) |
| 制作進行 | 増野裕之(KADOKAWA) |
| 編集 | 西埜裕子、古山咲樹、河田奈津子(MCO) |
| 編集協力 | テレビ東京 |
| | ジェイ・ストーム |
| 協力 | ジーヤマ |

この書籍の本文の印刷及び製本する際の電力量（2,100kWh）は、自然エネルギーでまかなわれています。